# Menschenkenntnis

Martina Gessner

# Inhalt

## Was Sie über Menschen wissen sollten     5
- Persönlichkeit – was ist das eigentlich?     6
- Motive und Werte – die Antreiber für Handlungen     20
- Einstellungen und Haltungen – wie wir der Umwelt begegnen     27
- Emotionen – wichtige Informanten     35
- Wie sehen Sie sich selbst?     44

## Worauf Sie bei Menschen achten sollten     49
- Körpersprache – der Schlüssel zum Verständnis     50
- Was Stimme und Worte verraten     56
- Wie nehmen Sie andere wahr?     61

**Wie Sie sich auf Menschen einstellen**                    **73**
- Menschliches Miteinander – sozial kompetent
  handeln                                                        74
- Druck rausnehmen, Widerstände aufbrechen                       77
- Veränderungen vorbereiten, Sicherheit bieten                   86
- Eigene Ideen verkaufen, andere überzeugen                      93
- Erwartungen klar formulieren, sich Respekt
  verschaffen                                                    98
- Gemeinsam Ziele erreichen, Differenzen überwinden           105

**Ihre Menschenkenntnis beginnt bei
Ihnen selbst**                                              **111**
- Beobachten Sie sich selbst                                    112
- Überprüfen Sie Ihre innere Haltung                            115
- Entwickeln Sie Empathie                                       117
- Wechseln Sie die Perspektive                                  120
- Begegnen Sie anderen mit Akzeptanz                            121

- Stichwortverzeichnis                                          125

# Vorwort

Stellen Sie sich vor, wir wären alle gleich. Wäre das nicht furchtbar langweilig? Und denken wir weiter: Wie sollte unsere Welt ohne diese Vielfalt an Fähigkeiten, Meinungen und Verhaltensweisen funktionieren? Soweit das Positive.

Gleichzeitig bereitet uns diese Vielfalt bisweilen auch erhebliche Schwierigkeiten und stellt uns vor viele Fragen: Warum macht der andere das bloß? Wie kann man denn nur so stur sein? Wie kann ich es schaffen, diesen Menschen zu überzeugen? Warum reden wir nur ständig aneinander vorbei?

Der Erwerb von Menschenkenntnis erfordert Zeit und Mühe, doch der Erfolg wird Sie belohnen. Mit dem Wissen über Beweggründe und Unterscheidungsmerkmale menschlichen Handelns werden Sie Menschen besser erkennen und in ihrem Verhalten einschätzen lernen.

Sie erlangen Verständnis für deren (Re-)Aktionen und sind in der Lage, Ihr eigenes Verhalten an die verschiedenen Persönlichkeiten anzupassen. Dadurch gestalten Sie Beziehungen künftig konstruktiver und werden selbst erfolgreicher.

*Martina Gessner*

# Was Sie über Menschen wissen sollten

Unser Verhalten ist das Ergebnis eines komplexen Zusammenspiels mehrerer Faktoren. Wenn Sie Menschen besser einschätzen und verstehen wollen, sollten Sie die Kriterien kennen, die unser Handeln bestimmen.

In diesem Kapitel lesen Sie,

- wie Sie menschliches Verhalten differenzieren und einordnen können (ab S. 8),
- wie Motive und Werte uns steuern (ab S. 20),
- was Einstellungen und Haltungen bewirken (ab S. 27),
- wie unterschiedlich Menschen mit ihren Gefühlen umgehen (ab S. 35).

# Persönlichkeit – was ist das eigentlich?

Um Menschen besser einschätzen zu können, ist es unerlässlich, die Grundlagen menschlichen Handelns zu kennen. Dazu müssen wir uns mit der Persönlichkeit eines Menschen auseinandersetzen. Doch was macht Persönlichkeit aus? Personaler und Politiker sprechen oft davon, dass ein potenzieller Kandidat für einen Job oder ein Amt Persönlichkeit haben oder eine Persönlichkeit sein muss. Sie meinen damit meist einen Menschen mit besonderer Ausstrahlung, der andere überzeugen kann und der eine breite Akzeptanz findet.

In der Psychologie dagegen meint man mit Persönlichkeit die Gesamtheit der Eigenschaften eines Menschen. Einfach ausgedrückt: Alles, was zu uns gehört und uns einzigartig und unverwechselbar macht.

## Wie wir andere erleben

Wenn wir auf fremde Menschen treffen und deren Persönlichkeit mit wenigen Worten beschreiben wollen, verwenden wir Begriffe oder Halbsätze, die deutlich machen, wie ein Mensch bei uns angekommen ist.

### Beispiel: Eindrücke

 Herbert und Marie sind auf dem Heimweg von einer Geburtstagsparty. Außer den Gastgebern kannten die beiden niemanden. Nun tauschen sie ihre Eindrücke aus. Marie schwärmt von einer Frau, mit der sie sich angeregt unterhalten hat: „Eine echt warmherzige Dame. Die scheint total zufrieden mit sich zu sein

> – irgendwie beeindruckend, wie ausgeglichen manche Menschen sind." Herbert ergänzt: „Ja, dagegen war dieser Thomas echt nervig. Der hatte ständig zu allem was zu sagen. Überall wusste er Bescheid und hatte eine Geschichte dazu auf Lager. Mag ja ein intelligenter Bursche und erfolgreicher Geschäftsmann sein, aber sich so in den Mittelpunkt zu rücken, ich weiß nicht – muss ganz schön profilierungssüchtig sein..."

Unsere Aussagen über andere Menschen beinhalten meist eine Mischung aus objektiv beobachtetem Verhalten, wie „hat kaum etwas gesagt" oder „hat den ganzen Abend viel gelacht", und einer sehr persönlichen Komponente, nämlich der Wirkung, die ein anderer bei uns hinterlassen hat. So kann ein kontaktfreudiger, kommunikativer Mensch von dem einen als lebendiger Gesprächspartner wahrgenommen werden, während er bei einem anderen Menschen als anstrengend und überheblich ankommt.

Diese subjektive Empfindungskomponente hängt davon ab, wie wir selbst gestrickt sind und was wir mögen oder ablehnen. Unsere eigene Persönlichkeit bestimmt also mit, wie wir andere sehen und erleben. Dennoch können wir dem oben beschriebenen kontaktfreudigen und für manche anstrengenden Thomas ein Persönlichkeitsmerkmal zuschreiben, das „objektiv" treffend sein wird. Wir werden ihn als extravertiert bezeichnen können – ein Begriff, den Psychologen geprägt haben, und der einen für seine Umwelt aufgeschlossenen Menschen beschreibt.

# Verhaltenskategorien für bessere Menschenkenntnis

Mit unseren individuellen Beschreibungen machen wir also intuitiv nichts anderes, als Menschen nach ihrem Verhalten zu unterscheiden. Die Psychologie hat sich dies schon vor langer Zeit zur Aufgabe gemacht und Verhalten systematisiert. C. G. Jungs *Psychologische Typen* aus dem Jahr 1921 bilden den wissenschaftlichen Grundstock vieler, in den folgenden Jahrzehnten weiterentwickelten Persönlichkeitsmodelle. Sie alle wollen die menschlichen Erlebens- und Verhaltensweisen verständlich und handhabbar machen. So finden diese Modelle heute häufig Anwendung in Personalabteilungen, in der Beratung und im Verkauf, also vor allem dort, wo man Verhalten vorhersehen oder sich schnell ein Bild von einem anderen Menschen machen möchte.

Aufbauend auf verschiedenen Modellen teilen wir in diesem Buch menschliches Verhalten in zwei Verhaltensdimensionen ein. Diese stellen Skalen dar, auf denen sich jeder Mensch an irgendeiner Stelle bewegt:

- Extraversion – Introversion
- Sachorientierung – Menschenorientierung

Natürlich zeigt jeder Mensch eine Vielzahl an Verhaltensweisen und ist mit seiner Persönlichkeitsstruktur einzigartig. Er wird also nie nur einen Verhaltenspol vollkommen vertreten, sondern vielmehr Verhaltensschwerpunkte auf der einen oder anderen Skalenseite erkennen lassen. Und er wird seine Verhaltensweisen über die Jahre ggf. auch verändern.

> Es erleichtert uns den Umgang mit anderen enorm, wenn wir eine Grobeinschätzung bezüglich der Verhaltensschwerpunkte und damit einhergehender Motive, Einstellungen und Emotionen vornehmen.

Die Einteilung hilft uns,

- besser zu verstehen, warum andere so handeln wie sie handeln,
- Vorhersagen zu treffen, wie sie sich wahrscheinlich in Zukunft in bestimmten Situationen verhalten werden,
- uns auf Reaktionen anderer bewusster einzustellen und unser eigenes Verhalten schon vorab auf diesen Menschen abzustimmen,
- Konflikte besser einzuschätzen und zu lösen,
- andere zu motivieren, zu beraten oder zu überzeugen.

# Menschliche Verhaltensdimensionen

Im Folgenden konzentrieren wir uns auf die zwei zuvor erwähnten grundlegenden Verhaltensskalen, um menschliches Handeln greifbarer und verständlicher zu machen. Wir alle bewegen uns auf diesen Skalen mit unterschiedlicher Gewichtung der jeweiligen Verhaltensweisen.

## Extraversion – Introversion

Extra- und Introversion sind zwei Ausprägungen einer Verhaltensdimension, die Sie alle kennen und vermutlich schon oft zur schnellen Beschreibung von Menschen verwendet haben. Die Begriffe deuten auf die Art und Weise hin, wie wir mit unserer Umwelt interagieren. Sie können sich hier eine

Skala mit zwei Polen vorstellen: Dabei bewegen sich manche Menschen mehr auf der Seite Extraversion, andere mehr auf der Seite der Introversion:

- **Extravertierte** erkennen wir im Alltag daran, dass sie neuen Erfahrungen und anderen Menschen gegenüber aufgeschlossen sind und gern von sich, ihren Erfolgen oder von besonderen Ereignissen erzählen. Sie zeigen Präsenz und Aktivität.

- **Introvertierte** können dagegen gut mit sich alleine sein und beschäftigen sich gerne mit ihren Gedanken und Erfahrungen. Sie brauchen mehr Zeit, um sich an Menschen zu gewöhnen und verhalten sich in der Gruppe eher ruhig und zurückhaltend.

### Beispiel: Nach außen oder nach innen?

Der introvertierte Martin sitzt ruhig, aber konzentriert im Seminar. Er lässt andere grundsätzlich ausreden, bevor er selbst ein zögerliches Statement abgibt. Am Abend zieht er sich auf sein Hotelzimmer zurück, um die Eindrücke des Tages zu verarbeiten und wieder zu Kräften zu gelangen.

Der extravertierte Moritz dagegen ist in der Gruppe nicht zu übersehen, wirft seine Kommentare unaufgefordert in die Runde und nimmt auch körpersprachlich viel Raum ein. Nach dem Seminar initiiert er ein Treffen an der Hotelbar, um den Tag später in lockerer Runde und netten Gesprächen ausklingen zu lassen.

## Sachorientierung – Menschenorientierung

Eine weitere wichtige Unterscheidung ist die nach der Art und Weise, wie wir Situationen einschätzen und bewerten und woraus wir letztlich Entscheidungen ableiten. Hier lautet die Verhaltensdimension: sach- und menschenorientiert. Auch hier befinden wir uns irgendwo auf der Skala zwischen den zwei Polen Sachorientierung und Menschenorientierung.

### Beispiel: Nutzen versus Wohlfühlen

 Stefanie und Bernd wollen sich ein neues Auto kaufen. Bernd achtet als sach- und nutzenorientierter Mensch auf ein vernünftiges Preis-Leistungs-Verhältnis, also auf Stauraum, Verbrauch, Sicherheit, Kosten. Stefanie begutachtet dagegen als vorwiegend menschenorientierter Mensch das Innere des Wagens, setzt sich hinein und versucht herauszufinden, ob sie und ihre Familie sich darin wohl fühlen werden. Schließlich stellt sich bald Nachwuchs ein, und mit Kinderaugen betrachtet, sieht manches anders aus. Sie denkt auch darüber nach, was wohl ihren Freundinnen gefallen könnte.

- **Sachorientierte Menschen** gehen analytisch und rational vor und leiten Entscheidungen aus nüchternen Überlegungen ab. Tendenziell achten sachorientierte Menschen mehr auf die Sache und eine vernünftige Zielerreichung als auf Menschen, weshalb dieser Verhaltensschwerpunkt auch häufig „aufgabenorientiert" genannt wird. Sie beurteilen Situationen aufgrund von Informationen und Fakten und wirken daher distanziert und kühl. Dennoch bedeutet ihre rationale Vorgehensweise nicht, dass sie ihre Emotionen völlig ausblenden – diese werden aber eher genutzt, um ihre logische Entscheidung zu untermauern. Der Kopf behält als Oberhaupt die Macht. Für diese Menschen werden deshalb im Folgenden auch die Begriffe Kopfmensch oder Denker verwendet.

- **Menschenorientierte Personen** vertrauen eher ihren Gefühlen und geben ihrem Wohlbefinden den Vorrang. Sie beurteilen und entscheiden eher aufgrund ihrer Erfahrungen und berücksichtigen bei ihrer Entscheidung auch die Konsequenzen für ihre Mitmenschen. Für sie sind zwischenmenschliche Aspekte handlungsentscheidend, weshalb dieser Verhaltensschwerpunkt auch oft „beziehungsorientiert" genannt wird. Sie achten bei ihrem Verhalten auf Harmonie und Ausgleich und geben ihrer Bauchstimme den Vorrang. Daher werden im Folgenden für menschenorientierte Personen auch die Begriffe Bauch- oder Gefühlsmenschen gebraucht.

### Übung: Wie Sie Ihre Wahrnehmung schärfen

Achten Sie bei der nächsten Gelegenheit, in der Sie auf fremde Menschen treffen, auf deren Verhaltensmuster. Nehmen Sie Unterscheidungen vor in Bezug auf die genannten Pole Introversion – Extraversion sowie Sach- und Menschenorientierung. So lenken Sie Ihre Wahrnehmung auf wichtige Verhaltensmerkmale und verbessern damit Ihre Menschenkenntnis.

## Die Kombinationen

Nun gehen wir noch einen Schritt weiter und kombinieren die auf den vorherigen Seiten beschriebenen Verhaltensskalen miteinander. Die Kombination der zwei Dimensionen ergibt vier verschiedene Persönlichkeitstypen, die in ihrer

Reinform zwar nicht existieren, aber Verhaltensschwerpunkte aufzeigen. Sie dienen als Modell, um Unterschiede besser zu erkennen. So kommen wir auf folgende Verhaltenstendenzen:

1 extravertiert und sachorientiert
2 extravertiert und menschenorientiert
3 introvertiert und menschenorientiert
4 introvertiert und sachorientiert

Worin unterscheiden sich nun diese vier verschiedenen Persönlichkeiten? Anhand eines Beispiels sollen die Unterschiede verdeutlicht werden: Verschiedene Personen planen einen Wochenendausflug auf einem Schiff.

## 1 Extravertiert und sachorientiert

### Beispiel: Aktivitäten unterliegen einem Ziel

 Tim und Rudi stecken gerade in ihrer Ausbildung. Sie haben das Ziel, später als Köche auf einem Schiff zu arbeiten. Dort erwarten sie sich davon Abwechslung und bisweilen neue Herausforderungen. Um sich über die Rahmenbedingungen einer solchen Arbeit klar zu werden, machen sie einen Wochenendausflug auf einem Schiff. Mit an Bord haben sie eine ganze Liste an Fragen und Ansprechpartnern, die ihnen Auskunft über ihren späteren Job geben sollen. Sie wollen die Zeit nutzen, um Klarheit über ihre zukünftigen Aufgaben zu erhalten und dadurch ihre endgültige Entscheidung zu untermauern. Viel Zeit zum Ausspannen und Genießen werden sie sich wohl nicht gönnen – der Laptop steht für Eingaben bereit.

Der extravertierte Kopfmensch hat die Zeit und sein Ziel stets vor Augen. Diesen beiden Kriterien wird so ziemlich alles untergeordnet. Unternimmt er etwas, so hat diese Aktivität Nutzen und Sinn, sonst verschwendet er ja nur Zeit. Dieser Mensch weiß, wohin er will und hat in der Regel eine klare Vorstellung davon, wie er dort ankommt. Wenn andere ihm reinreden, wird dies schon mal mit Ärger oder harscher Kritik quittiert. Dass er manch anderen damit vor den Kopf stößt, nimmt er meist aber gar nicht wahr.

Hohe Leistung und Erfolg sind selbstverständlich – vorankommen und gewinnen, heißt die Devise. Daher wird auch kaum eine andere Persönlichkeit so viele Erfolge vorweisen können wie diese. Freunde und Familie werden oft vernachlässigt, da der Verhaltensfokus auf dem Erreichen von Ergebnissen liegt. So erkennt man den extravertierten Kopfmenschen daran, dass er bereitwillig verantwortungsvolle und zeitintensive Rollen übernimmt, deutlich seine Meinung äußert und immer irgendetwas vorhat. In wirklichen Ruhephasen wird man ihn selten antreffen.

> Ein Hauptunterschied zwischen den sachorientierten und den menschenorientierten Extravertierten liegt in der klaren Ziel- und Ergebnisorientierung des Sachbezogenen, die oft in Form von Alleingängen gelebt wird. Sorglos den Augenblick zu genießen und über Gefühle zu plaudern, ist dem Kopfmenschen völlig fremd.

## 2 Extravertiert und menschenorientiert

### Beispiel: Gemeinsam etwas erleben

 Simone, Petra und Claudia haben sich ganz spontan für den Schiffsausflug am Wochenende entschieden. Sie unternehmen öfter etwas gemeinsam, probieren aber immer wieder etwas

> Neues aus. Es geht ihnen darum, Abwechslung und Spaß zu haben, das Ziel der Reise bzw. die Reiseroute ist ihnen dabei ziemlich egal – Hauptsache die Sonne scheint! Beim Ablegen scherzen sie voller Vorfreude an Deck, winken den Zurückgebliebenen aufgekratzt zu und knüpfen bereits erste Kontakte mit Mitreisenden. Den Prosecco hat Petra für die Damenrunde auch schon bestellt.

Extravertierte Gefühlsmenschen fallen Ihnen in der Regel gleich auf. Sie haben das, was man im Allgemeinen unter Präsenz versteht. Sie bringen sich mit ihrer kommunikativen Art jederzeit ein und lieben es, etwas Neues auszuprobieren. Ihr Leben findet im Hier und Jetzt statt. Sowohl im Berufs- wie auch im Privatleben haben Spaß und Abwechslung für sie einen hohen Stellenwert. Eintönige Aufgaben oder langweilige Zeitgenossen zermürben sie. Daher initiieren diese Menschen ständig etwas anderes, ohne das Begonnene zwingend zu Ende zu bringen. Dass dadurch schon mal Chaos entsteht und Vereinbarungen vergessen werden, nehmen sie billigend in Kauf. Selbst- und Zeitmanagement gehören nicht zu den persönlichen Stärken. Der Fokus liegt auf dem aktuellen Erleben und weniger auf dem Planen der Zukunft oder dem Erreichen eines bestimmten Ziels.

Da sie sich ungern einengen oder etwas vorschreiben lassen wollen, lieben sie Berufe, in denen sie ihre Arbeitszeit und Abläufe möglichst frei gestalten können. Allerdings sind sie dabei Teamplayer und keine Einzelgänger. Gemeinsam etwas auf die Beine zu stellen und zu erleben, macht ihnen eben am meisten Spaß.

Im Gegensatz zu den introvertiert Menschorientierten lieben die Extravertierten ihre Freiheit und Flexibilität. Sie stellen auch eher sich selbst in den Mittelpunkt als andere, nehmen dabei viel Raum ein. Ihr Bekanntenkreis ist groß und nicht unbedingt stabil.

## 3 Introvertiert und menschenorientiert

### Beispiel: Stabile, harmonische Beziehungen

 Sylvia und Emma kennen sich schon seit ihrer Schulzeit und sind inzwischen 35 Jahre befreundet. Einmal im Jahr unternehmen sie etwas gemeinsam. Meist treffen sie sich dafür am selben Ort. Sie genießen diese Zeit immer sehr, da sie sich über ihren Alltag austauschen und gegenseitig emotionalen Halt geben können. Zuhören und mitfühlen zählen zu ihren Stärken. Als das Schiff ablegt, stehen sie zufrieden an der Reling und schauen stumm dem Treiben zu. Sie freuen sich innerlich sehr auf das bevorstehende Wochenende und wissen, dass sie darüber keine großen Worte verlieren müssen.

Der introvertierte Gefühlsmensch strahlt Ruhe und Gelassenheit aus. Er bleibt im Hintergrund, außer wenn es darum geht, andere zu unterstützen. Im Familien- und Freundeskreis fühlt er sich wohl, wie auch dort, wo er Sicherheit und Vertrauen verspürt. Daher braucht diese Persönlichkeit auch ein Arbeitsumfeld, das Beständigkeit und stabile zwischenmenschliche Beziehungen aufweist. Dazu gehören beispielsweise routinierte Abläufe mit überschaubarem Entscheidungsrahmen und weitestgehend feste Arbeitszeiten. So kann sich der Beziehungsmensch auch seinem Privatleben ausreichend widmen.

Da dieser Mensch Stabilität und Zuverlässigkeit schätzt, wird man ihn nicht nur als langjährigen loyalen Mitarbeiter erkennen, sondern auch als den Nachbarn, der regelmäßig im Herbst die Hecke schneidet und stets mit Eiern aushilft. Diese grenzenlose Hilfsbereitschaft, gepaart mit dem Wunsch nach Harmonie, hat natürlich auch ihre Kehrseite: Die eigenen Bedürfnisse kommen zu kurz, da ‚Nein' sagen extrem schwer fällt.

> Die menschenorientiert Introvertierten unterscheiden sich von den Sachorientierten darin, dass sie stets die zwischenmenschliche Atmosphäre im Blick haben und nicht das konkrete Vorgehen. Sie müssen nicht alles planen und im Griff haben. Sie brauchen eher ein offenes Ohr als einen konkreten Rat.

## 4 Introvertiert und sachorientiert

### Beispiel: Alles nach Plan

 Clara und Paul planen schon seit Wochen diesen Ausflug. Sie haben sich überlegt, welche Stadt sie noch nicht kulturell erkundet haben und wie sie kostengünstig dort hinkommen könnten. Paul hat dafür verschiedenste Angebote verglichen. Selbstverständlich hat er auch die Übernachtungsmodalitäten geprüft und die Sicherheit an Bord hinterfragt. Nun, als das Schiff ablegt, verfolgen die beiden kritisch aus dem Innenraum das Ablegeprozedere und hoffen, dass alles planmäßig verläuft. Mit der Lautstärke und Hektik können sie gerade nur schwer umgehen – sie werden sich bald auf ihre Kabine zurückziehen und sich auf die Ausflugsziele vorbereiten.

Der introvertierte Kopfmensch hat den Blick auf Fakten, Aufgabenerledigung und Problemlösung gerichtet. Er steigt meist tief in Themen ein, häuft Wissen an, will kompetent sein. Damit wirkt er auf andere kühl und distanziert, aber professionell. Oft arbeitet er Nächte durch, um Fehler aufzuspüren oder perfekte Lösungen zu finden. Berufe, in denen Zahlen und Fakten oder die strikte Einhaltung von Prozessen gefragt sind, bieten optimale Voraussetzungen für ihn.

Ordnung und Disziplin werden beim introvertierten Kopfmenschen großgeschrieben. Regelverstöße kann er nicht leiden. Das eigene Umfeld ist stets vorbildlich organisiert. Dass er sich durch diese Strenge auch sein eigenes Martyrium schafft und ein Voranschreiten oft behindert, ist für ihn aufgrund der zugleich gewonnenen Sicherheit gut zu ertragen.

## Unterschiede im beruflichen Alltag erkennen

Im beruflichen Miteinander zeigen sich die jeweiligen Verhaltensschwerpunkte aufgrund der Rahmenbedingungen jedoch manchmal in anderer Form als im Privaten. Wechselwirkungen mit Kollegen entstehen und sie verlaufen nicht immer ohne Spannungen (siehe „Wie Sie sich auf Menschen einstellen" ab S. 73).

### Beispiel: Verschiedene Persönlichkeiten im Berufsalltag

 **Pünktlich um 07:00 Uhr** betritt der Schadenssachbearbeiter **Rudi Richter (introvertiert, sachorientiert)** wie jeden Morgen seit 20 Jahren das Firmengelände eines Versicherungskonzerns. Im Büro beginnt er gleich mit der Abarbeitung seiner Aufgaben. Seinen Wochenplan hat er bereits vergangenen Freitag aufgestellt. Small Talk mit Kollegen ist nicht sein Ding. Er schätzt einen geregelten Tagesablauf ohne große Überraschungen. Beim Bearbeiten der Schadensfälle geht er stets gewissenhaft und analytisch vor und hat schon so manchen Versicherungsbetrug aufgedeckt. Er hält sich genau an die Vorgaben und Richtlinien des Konzerns.

**07:30 Uhr. Anneliese Heim (introvertiert, menschenorientiert)** öffnet sanft die Tür zum gemeinschaftlichen Büro. Sie ist Sachbearbeiterin und Sekretärin der Abteilung. Sofort schenkt sie ihrem Kollegen ein warmes Lächeln: „Guten Morgen, lieber Rudi, wie geht es dir? Soll ich dir einen Tee kochen?" Sie schätzt ihren Kollegen wegen seiner Zuverlässigkeit sowie seines Fachwissens und ist froh, dass er sie fachlich unterstützt. „Guten Morgen", entgegnet Rudi Richter etwas barsch. „Nein, danke, ich muss das hier berechnen, später vielleicht", und versteckt sich wieder hinter seinem Bildschirm. Da Anneliese Heim merkt, dass sie kein Gehör findet, geht sie in die Küche. Sie braucht jeden Morgen etwas Zeit, um anzukommen. Also setzt sie Teewasser auf und versorgt die Blumen.

**08:00 Uhr.** Von draußen hört man die schnellen, festen Schritte von **Stefan Schnell (extravertiert, sachorientiert)**, dem Abteilungsleiter. Er war am Morgen joggen und geht nun direkt in sein hochwertig eingerichtetes Büro. Mitarbeiter zu begrüßen, davon hält er nichts. Man sieht sich später ohnehin beim Meeting. Um 08:30 Uhr hat er den ersten Termin, um 10:00 Uhr die wöchentliche Abteilungsbesprechung usw. – der Tag ist voll mit Arbeit. Schließlich will Stefan Schnell seine Ziele erreichen. Daher muss er die Agenda für die Teambesprechung gleich noch von Anneliese Heim um zwei strategisch wichtige Themen erweitern lassen.

**09:30 Uhr. Helga Fröhlich (extravertiert, menschenorientiert)** kommt vergnügt zur Tür herein. „Einen wunderschönen guten Morgen wünsche ich! Ich hoffe, ihr seid alle schön fleißig?!", und lacht laut. „Gibt's irgendwo Kaffee?", fragt sie und schaut Anneliese Heim an. „Klar, hier!", entgegnet diese freundlich. Helga Fröhlich schenkt sich ein, setzt sich und wirkt etwas erschöpft: „Puh, das war ein Wochenende! Bis Sonntagmorgen gefeiert – ich bin noch gar nicht richtig wach. Und jetzt auch noch unsere Besprechung." Sie verzieht ihr Gesicht. „Ich müsste eigentlich gleich zum Kunden. Dem hab' ich versprochen, dass ich am Montagmorgen vorbeikomme." Helga Fröhlich liebt den Kontakt zu Menschen und ihren Außendienstjob. Außerdem genießt sie die Freiheit, ihre Arbeitszeiten flexibel zu gestalten.

# Motive und Werte – die Antreiber für Handlungen

Was ist uns wichtig im Leben? Warum tun wir bestimmte Dinge? Was wollen wir damit erreichen? Motive und Werte stellen die – bewussten oder unbewussten – Hintergründe unseres Handelns dar. Sie sind Antreiber, Richtungsgeber, Sinnstifter. Jeder Mensch trägt eine Reihe von Motiven und Werten in sich, deren Ausprägung aber von Person zu Person verschieden ist.

## Motive geben unserem Verhalten ein Ziel

Wonach streben wir? Der eine möchte ein großes Auto, der andere eine große Familie. Der eine fühlt sich wohl, wenn er seinen Alltag möglichst selbstbestimmt gestalten kann, der andere braucht klare Vorgaben und Strukturen. Unsere Motive sind sehr unterschiedlich – es gibt aber bestimmte Motive, die auf viele Menschen zutreffen.

Auf der nächsten Seite finden Sie eine Übersicht.

## Die 10 häufigsten Motive

1 **Ehrgeiz**: Neigung, Ziele zu erreichen und Hindernisse zu überwinden, so schnell und so gut wie möglich.

2 **Machtstreben**: Wunsch, Kontrolle über seine Umgebung sowie über das Verhalten seiner Mitmenschen auszuüben.

3 **Leistungsstreben**: Drang zum Erreichen von Höchstleistungen und Erfolg. Hoher Anspruch an sich selbst.

4 **Wettbewerbs-/Gewinnstreben:** Man will sich mit anderen messen und als Sieger hervorgehen. Es braucht immer wieder den Beweis, der Beste zu sein.

5 **Statusdenken**: Streben nach „social standing", nach Reichtum, Titeln und öffentlicher Aufmerksamkeit.

6 **Wunsch nach sozialer Bindung**: Streben nach Familienleben und besonders danach, eigene Kinder zu erziehen.

7 **Kontrollbedürfnis**: Wunsch, Dinge im Griff zu haben. Alles soll nach Plan laufen. Fehler dürfen nicht passieren.

8 **Sicherheitsbedürfnis**: Wunsch nach klaren Strukturen und Regeln sowie stabilen Arbeitsbeziehungen.

9 **Unabhängigkeitsstreben**: Streben nach Freiheit, Selbstgenügsamkeit und Autarkie.

10 **Bedürfnis nach Anerkennung**: Streben nach sozialer Akzeptanz, Zugehörigkeit und positivem Selbstwert.

## Beispiel: Andere Menschen – andere Motive

 **Rudi Richter** fühlt sich wohl, wenn er möglichst ungestört fachliche wie qualitative Höchstleistungen bringen kann. Er schätzt einen geregelten Tagesablauf ohne große Überraschungen und braucht klare Strukturen. Zahlen und Fakten ergänzen sein Bedürfnis nach fundierten Aussagen und sicheren Entscheidungen. Rudi Richter will keine Fehler machen. Auch ein sicherer Arbeitsplatz bedeutet ihm viel (Sicherheits- und Kontrollbedürfnis).

**Anneliese Heim** ist die gute Seele der Abteilung. Ihr ist es wichtig, für ein angenehmes Betriebsklima zu sorgen, freundlich und hilfsbereit zu sein. Sie kümmert sich auch liebevoll um die Pflanzen und hält Kontakt zur Nachbarabteilung. Sie hat eine Engelsgeduld und schätzt es, für ihre Bemühungen ein persönliches Dankeschön zu bekommen (Bedürfnis nach Anerkennung, sozialer Bindung).

**Stefan Schnell** absolvierte sein Studium mit Bestnoten. In seiner 8-jährigen beruflichen Laufbahn hat er inzwischen eine mittlere Führungsposition erreicht. Er denkt strategisch, behält immer den Überblick und lässt andere die Kleinarbeit machen (Ehrgeiz, Macht- und Leistungsstreben, Statusdenken).

**Helga Fröhlich** liebt es, als Außendienstmitarbeiterin unterwegs zu sein. Sie gestaltet ihren Tag, wie sie es für richtig hält und geht gern unkonventionelle Wege. Dass sie stets gute Ergebnisse bringen und im Vergleich mit anderen immer besser abschneiden will, ist für sie selbstverständlich (Wettbewerbs- und Unabhängigkeitsstreben).

Vor allem im beruflichen Kontext ist es unerlässlich, auf die verschiedenen Motive der Mitarbeiter und Kollegen zu achten. Motive steuern, welche Aufgaben uns Spaß machen, welche Rollen wir übernehmen wollen und worin wir erfolgreich sind. So wird ein leistungs- und erfolgsgetriebener Mensch mit starkem Durchsetzungs- und Entscheidungswillen in die Führungsetagen drängen, während ein qualitäts- und sicherheitsbewusster Mensch ohne Statusanspruch lieber als IT-Spezialist Probleme löst.

> Menschen werden von unterschiedlichen Motiven angetrieben. Unterstellen Sie anderen deshalb nicht *Ihre* Motive, sondern akzeptieren Sie, dass andere Menschen von anderen Aspekten gesteuert werden. Für ein besseres Verständnis ist es hilfreich herauszufinden, welche das sind.

## Übung: Erstellen Sie Motivationsprofile

Priorisieren Sie für sich selbst die oben genannten Lebensmotive. Was ist Ihnen besonders wichtig? Überlegen Sie auch, welche Motive für Ihre Familienmitglieder oder Kollegen an erster Stelle stehen. Worin liegen hier die Unterschiede zwischen Ihnen und den anderen und wie äußern sich diese im Alltag und in der gemeinsamen Kommunikation?

Es wird für Sie auf Ihrem Weg zur besseren Menschenkenntnis hilfreich sein, Ihre eigenen Motive zu kennen, um Unterschiede zu anderen Menschen festzustellen. Ein Beispiel: Die Übung zeigt Ihnen etwa, dass Ihnen Leistung, Unabhängigkeit und Status wichtig sind und dass Sie diese Motive in eine Führungsposition gebracht haben. Relativ leicht können Sie dann ableiten, dass Ihr Mitarbeiter, der gewissenhaft und formal ist sowie regelmäßig um 17:00 Uhr das Büro verlässt, eher gesteuert wird von dem Bedürfnis nach Sicherheit und einem harmonischen Familienleben. Sie werden ihn folglich kaum von Sonderprojekten, regelmäßigen Überstunden oder einer verantwortungsvollen Leitungsrolle überzeugen können. Übrigens: Ob ein Mensch am Arbeitsplatz motiviert ist oder nicht, hängt natürlich auch von einigen „äußeren" Faktoren ab, z.B. der Fehlerkultur im Betrieb, dem Verhältnis zum Vorgesetzten, den Entwicklungsmöglichkeiten oder der Zusammenarbeit im Team.

## Motive können sich ändern

Menschen werden nur dann zufrieden sein und Höchstleistungen bringen, wenn sie ihre persönlichen Motive leben dürfen. Motive sind jedoch nur bedingt stabil. Jeder trägt eine individuelle Zusammensetzung von Motiven in sich, die sich über die Jahre auch ändern können. Wer Menschen führt, sollte das Motivationsprofil seiner Mitarbeiter also von Zeit zu Zeit überprüfen, um beste Einsatzmöglichkeiten zu schaffen.

### Beispiel: Wie sich Motive ändern

 Frau Greiner steht nun 12 Jahre im Berufsleben und feierte gerade ihren 35. Geburtstag. Sie hat viel erreicht und fühlt sich ausgepowert, will jetzt eine Familie gründen. Sie plant, nach der Geburt ihres Kindes nur noch zwei Tage die Woche zu arbeiten. Sie will für ihr Kind eine gute Mutter sein.

# Werte geben unserem Verhalten Sinn

Auch Werte lenken unsere Entscheidungen. So zählen für viele Menschen Ehrlichkeit, Zuverlässigkeit und Treue zu unverzichtbaren Verhaltensweisen im zwischenmenschlichen Bereich. Andere wiederum schätzen ihre Freiheit und Autonomie und möchten sich daher von niemandem einengen lassen. Wie bei den Motiven tragen wir alle eine ganz individuelle Zusammensetzung von Werten in uns. Wer sich als

Mitarbeiter in einem Kollegen- oder Unternehmensumfeld bewegt, mit dessen Wertesystem er sich nicht identifizieren kann, wird sich im täglichen Miteinander schwer tun. Konflikte, Widerstände, Minderleistung, Krankheit oder auch Kündigung sind mögliche Folgen dieser Unzufriedenheit.

## Beispiel: Wenn Wertvorstellungen auseinander gehen

Corinna arbeitet in einem Pflegeheim. Ihr ist es ungemein wichtig, hilfebedürftige Menschen zu unterstützen und ihnen ihren Lebensabend so angenehm wie möglich zu gestalten. Sie opfert sehr viel von ihrer Freizeit, um mit den alten Menschen z. B. im Heim spazieren zu gehen. Die Heimleitung achtet jedoch in erster Linie auf Aufwand und Nutzen. Kosten müssen gesenkt, intensive Betreuung eingeschränkt werden. Corinna wird angehalten, Patienten im Bett zu fixieren und gemeinsame Aktivitäten zu unterlassen.

Persönliche Wertvorstellungen und die des Arbeitgebers müssen harmonieren, sonst befindet sich der Mitarbeiter permanent in einem Zwiespalt. Auch unter Kollegen können Unterschiede in den Wertvorstellungen das Miteinander erheblich beeinträchtigen. Muss ein Mensch, der sehr auf Zuverlässigkeit und Ordnung bedacht ist, mit einer Person zusammenarbeiten, die vor allem Wert auf Spaß und Spontaneität legt, sind die Konflikte vorprogrammiert. Zu sehr driften dann die Werte und Verhaltensweisen auseinander. Hier hilft es, einen Rahmen festzulegen, in dem sich alle bewegen müssen, innerhalb dessen aber auch Freiraum für den einzelnen herrscht. Erfragen Sie daher die Werte Ihrer Kollegen und Mitarbeiter und entwickeln Sie gemeinsam Umgangsregeln, mit denen sich alle einverstanden erklären können.

| Übersicht: Motive und Werte sind unterschiedlich | |
|---|---|
| extra-vertiert, sach-orientiert | ▪ Streben nach Leistung, Erfolg, Macht, Status<br>▪ Wunsch nach neuen Herausforderungen, Verantwortung, Selbständigkeit<br>▪ Hohen Stellenwert haben: Zielerreichung, Ergebnisse, Statussymbole, Autonomie |
| extra-vertiert, menschen-orientiert | ▪ Streben nach Anerkennung, Unabhängigkeit, Individualität<br>▪ Wunsch nach Gemeinsamkeit, Wir-Gefühl, Kommunikation, spannenden Erlebnissen<br>▪ Hohen Stellenwert haben: Freiheit, Spaß, Abwechslung, Optimismus, Genuss, das Erleben über die verschiedenen Sinne |
| intro-vertiert, menschen-orientiert | ▪ Streben nach Harmonie, Sicherheit, Vertrauen, sozialen Bindungen<br>▪ Wunsch nach Stabilität, Unterstützung, Wertschätzung, Gemeinsamkeit<br>▪ Hohen Stellenwert haben: Familie, Freunde, eine positive / vertrauensvolle Atmosphäre, Ehrlichkeit, Verlässlichkeit |
| intro-vertiert, sach-orientiert | ▪ Streben nach Perfektionismus, höchster Qualität, bester Problemlösung<br>▪ Wunsch nach Sicherheit, Kontrolle, Regeln<br>▪ Hohen Stellenwert haben: Lösungen, Fakten, Logik, Verlässlichkeit, Kompetenz |

# Einstellungen und Haltungen – wie wir der Umwelt begegnen

Sie kennen das viel zitierte Wasserglas, das für den einen halbvoll und für den anderen halbleer ist. Wie kommt das? Nun, das hängt an unserer Sicht der Dinge. Die einen gehen grundsätzlich positiv und optimistisch durchs Leben und sehen damit die Möglichkeiten, die aus einem halb gefüllten Wasserglas entstehen können. Die anderen sehen dagegen den Mangel und bedauern, wie wenig nur noch übrig ist. Unsere Einstellungen, Haltungen und Überzeugungen schaffen somit für uns Tatsachen und haben starken Einfluss auf unsere Empfindungen und Verhaltensweisen.

## Wie Einstellungen entstehen

Unsere Einstellungen sind das Resultat unserer Erfahrungen. Zum Teil sind dies Kindheitserfahrungen, die uns geprägt haben, wie z.B. die Erfahrung, dass man sich Anerkennung verdienen muss. Zum anderen entwickeln wir selbst aus unserer Lebenserfahrung Haltungen und Einstellungen. Aus unserer Kindheitserfahrung, stets Liebe und Aufmerksamkeit zu erlangen, wenn man etwas Tolles gemacht hat, kann die Einstellung entstanden sein, dass man grundsätzlich viel leisten und erreichen muss, um Anerkennung zu erhalten.

Eine völlig andere Erfahrung in späteren Jahren kann sein, dass Vorgesetzte eigennützig Macht ausüben und nur für ihre eigene Karriere sorgen. Daraus wiederum kann die Überzeugung entstehen, dass alle Führungskräfte so ticken. Die

Haltung Vorgesetzten gegenüber wird dann von höchster Skepsis und Zurückhaltung geprägt sein. Unsere Einstellungen lassen sich jedoch durch neue Erfahrungen oder andere Sichtweisen auch verändern. So können wir z.B. durch positive Erfahrungen mit einem neuen Chef unsere grundsätzlich negative Einstellung gegenüber Führungskräften revidieren.

## Wie uns unsere Einstellung beeinflusst

Unsere Haltung bewirkt auch, dass wir ganz bestimmte Gedanken und Gefühle für eine Situation, eine Aufgabe oder einen Menschen entwickeln. So können wir mit einer positiven Einstellung bessere Ergebnisse erzielen, während wir mit Angst und Skepsis kaum etwas Positives erreichen werden.

### Beispiel: Einstellungen beeinflussen Ergebnisse

 Herr Althoff fiebert einem Kundentermin entgegen. Er ist davon überzeugt, heute eine Unterschrift für einen großen Auftrag zu bekommen. Die Rahmenbedingungen sind zwar nicht optimal, aber Althoff lenkt seinen Blick auf die Vorteile, die sein Leistungspaket bietet, und hat die Einstellung, dass sein Unternehmen wirklich tolle Produkte herstellt. Außerdem sieht er im Kunden einen aufgeschlossenen Menschen, mit dem er gerne zusammenarbeitet. Mit dieser Haltung tritt er dem Kunden gegenüber – und bekommt am Ende die Unterschrift.

## Selbstbild und Selbstwert: Einstellung zum eigenen Ich

Unser Selbstbild ist im Prinzip ebenfalls eine Einstellung – und zwar uns selbst gegenüber. Es ist die Vorstellung, die wir von uns selbst haben, d.h., wie wir uns selbst wahrnehmen. Wir haben einen ganz bestimmten Eindruck von unseren Eigenschaften und Fähigkeiten und davon, wie wir auf andere wirken.

Unser Selbstbild entscheidet über unser Selbstwertgefühl. Haben wir ein positives Selbstbild, verfügen wir über ein positives Selbstwertgefühl. Ein negatives Bild von uns selbst geht mit Minderwertigkeitsgefühlen einher. In der Folge meiden wir soziale Kontakte und entwickeln Ängste. Unser Selbstwert ist also die subjektive Bewertung unserer eigenen Persönlichkeit. Was wir tun, wird immer auch von unserem Selbstwert gesteuert: Er bestimmt die Zufriedenheit mit uns selbst und beeinflusst, ob wir Erfolg oder Misserfolg haben. Er bedingt, wie wir anderen gegenüber auftreten und was wir von uns zeigen. Wenn wir uns als Versager betrachten, werden wir immer wieder Aktivitäten kreieren, in denen wir versagen können.

## Wie wir unseren Selbstwert schützen

Reden andere schlecht über uns oder kritisieren uns, fühlen wir uns oft in unserem Selbstwert getroffen. Grundsätzlich versuchen wir dann, unser Selbstwertgefühl zu stärken bzw. zu schützen. So entspringt manch irrational erscheinende Reaktion dem Bedürfnis, den eigenen Selbstwert zu erhöhen.

## Beispiel: Angriffe auf den Selbstwert

 Herr Mertens und Frau Bauer reden seit längerem nicht mehr miteinander. Herr Mertens hatte im Gespräch mit einer gemeinsamen Kollegin Frau Bauer als „Klatschtante" bezeichnet. Dies war Frau Bauer zu Ohren gekommen. Im Gegenzug enthält sie nun Herrn Mertens wichtige Informationen vor. Sie empfindet sein Lästern als unverschämt und (unbewusst) als Angriff auf ihren Selbstwert.

Auch Sie werden schon beobachtet haben, dass manche Kollegen nicht mehr miteinander sprechen und vielleicht nur noch schriftlich kommunizieren. Arbeitsprozesse verzögern sich, die Qualität leidet. Der im Selbstwert getroffene Mitarbeiter will mit seinem veränderten (destruktiven) Verhalten demonstrieren, dass er Macht ausüben kann. Er will sich bewusst am anderen rächen, ihn treffen oder ihm Schaden zufügen, um selbst wieder besser dazustehen. Im Umgang mit anderen sollten wir dieses Grundbedürfnis, den Selbstwert zu schützen, immer im Auge behalten.

Viele (Handlungs-)Entscheidungen werden nicht wirklich aufgrund rationaler Überlegungen getroffen, sondern haben vielmehr mit der Beziehungsqualität zwischen den Beteiligten zu tun. Überprüfen Sie daher immer wieder, wie es um diese bestellt ist, und sprechen Sie Ihre Eindrücke offen aus.

## Gestalter oder Opfer

Welchen Einfluss schreiben Sie sich selbst zu? Sind Sie eher der Aktive, der Gestalter, der sich seiner Wirkkraft bewusst ist, oder der Passive, der sich eher als Opfer betrachtet und kaum Einfluss auf die Umwelt nehmen kann? Der Gestalter hat Sätze wie „Nur wer fleißig und diszipliniert arbeitet, kann Erfolg haben" verinnerlicht, während ein Mensch in der Opferhaltung davon überzeugt ist: „Ich kann eh nichts machen".

**Beispiel: Aktiv und passiv**

 Herr Fischer und Herr Weiß besitzen beide ein Restaurant mit anschließendem Biergarten. Da der Sommer gerade verregnet ist, bleibt der Biergartenbetrieb weit unter den Erwartungen. Herr Fischer beschließt, besondere Events anzubieten, um dennoch Kunden in sein Lokal zu locken. Herr Weiß zieht sich dagegen in die Jammerrolle zurück, weil er das Wetter ja nun wirklich nicht beeinflussen kann.

In der Gestalterrolle nehmen Sie nicht nur die widrigen Umstände wahr, sondern suchen nach Auswegen. Sie nehmen Dinge, die Sie nicht ändern können hin, und lenken Ihre Aufmerksamkeit auf die Bereiche, die Sie steuern können. In der Opferrolle sind Sie dagegen nur auf die negativen Aspekte fokussiert – und damit blockiert. Dass diese gegenläufigen Einstellungen gerade im beruflichen Kontext zu Konflikten führen können, liegt auf der Hand. Die einen sehen sich dann als diejenigen, die die Firma retten, die anderen werden als Blockierer gesehen, die nur ständig jammern und sich nicht verändern wollen.

# Einstellungen bei beziehungsorientierten Menschen

Gemeinsam ist den menschenorientierten Personen, dass sie positive Beziehungen zu anderen Menschen unterhalten wollen, denn Beziehungen werten sie als Bereicherung. Beim

Extravertierten zeigt sich diese Einstellung in einem großen Bekanntenkreis, während der Introvertierte eher einen kleinen vertrauten Freundeskreis und den Familienzusammenhalt pflegt. Gemeinschaftliches Handeln empfinden beide Persönlichkeitstypen – wenn auch aus unterschiedlichen Motiven heraus – in der Regel angenehmer als alleine etwas zu bewerkstelligen. Daher kann man sie auch als Teamplayer bezeichnen. Die Unterschiede liegen aber ganz klar in der Einstellung zu sich selbst sowie der Haltung Neuem und Machbarem gegenüber.

## Der extravertierte, beziehungsorientierte Mensch

Hier herrscht die Einstellung vor: Alles ist machbar! Was kostet die Welt? Kleine Brötchen backen – das können andere. Ist mal was schief gegangen? Na, macht doch nichts! Das nächste Mal schaffen wir's! Der grenzenlose Optimismus, der oft auch Tatsachen ignorieren lässt, zieht diesen extravertierten Menschen auch nach Niederlagen und emotionalem Tiefstand wieder aus dem Sumpf. Das ist seine große Stärke. Er lässt sich einfach nicht unterkriegen. Und durch die positive Grundhaltung Menschen, Ereignissen und sich selbst gegenüber ist dieser Mensch auch durchaus auf Erfolgskurs. Seine Karriere verläuft zwar vermutlich nicht ganz geradlinig, aber er wird viel Erfahrung auf unterschiedlichsten Gebieten vorzuweisen haben. Dies lässt sich dadurch erklären, dass die klare Zielorientierung und das entsprechende Durchhaltevermögen bei ihm fehlen. Die Lust auf Neues und seine Spontanität sind meist größer als die Fähigkeit, konsequent bei einer Sache zu bleiben und sich durchzubeißen.

### Der introvertierte, beziehungsorientierte Mensch

Diesem Menschen geht es darum, für andere mitzudenken und dem Gemeinwohl zu dienen. Er setzt sich daher gerne für andere ein und ist auch sonst der Meinung, dass man nur in einer positiven, sprich harmonischen, Atmosphäre gute Leistungen erbringen und sich wohl fühlen kann. Moderieren, kooperieren und schlichten sind somit Verhaltensweisen, die diesen Einstellungen folgen, während Konflikten eher aus dem Weg gegangen wird.

Sich selbst gegenüber hat er eher eine negative Einstellung, wie „Man sollte sich selbst nicht so wichtig nehmen" oder „Andere können das viel besser als ich". Daher macht er sich anderen gegenüber eher klein und tritt, was das eigene Vorankommen angeht, auf der Stelle. Die eigene Definition als Opfer bringt Passivität, Widerstand oder Jammern mit sich. Der eher geringe Selbstwert, der vielen menschenorientierten Introvertierten eigen ist, bewirkt, dass neue Anforderungen als Bedrohung erlebt und Verantwortung eher an andere abgegeben werden. Der große Erfolg wird durch die eigene Abwertung meist verhindert.

## Einstellungen bei aufgabenorientierten Menschen

Aufgaben oder Probleme sind da, um gelöst zu werden. Hierfür wenden diese kopfgesteuerten Menschen dann auch ihre meiste Energie auf. Der Extravertierte betrachtet jedoch so ziemlich alles als Herausforderung, der er sich stellen will, während der Introvertierte die Welt um sich herum eher negativ erlebt: Er sieht überall Risiken, Fehler und Nachteile.

## Der extravertierte, sachorientierte Mensch

Ohne Ziele geht's nicht im Leben des extravertierten Denkers. Man muss ja etwas erreichen – es muss vorangehen. Dazu hat jeder seinen Beitrag zu leisten oder kurz: zu funktionieren, und zwar ohne große Kompromisse genauso, wie sich das dieser Mensch in den Kopf gesetzt hat. Die Zielerreichung muss sichergestellt werden, egal wie. Diese Hartnäckigkeit, gepaart mit einer positiven Einstellung zur eigenen Leistungs- und Erfolgsfähigkeit macht diesen Menschen in der Regel sehr mächtig. Dass diese Dominanz manche erdrückt, ist für den sachorientiert Extravertierten zwar meist gar nicht erkennbar – aber grundsätzlich für ihn auch akzeptabel. Es herrscht eben nicht die Einstellung vor, es muss allen gut gehen, sondern es müssen Ergebnisse erzielt werden.

## Der introvertierte, sachorientierte Mensch

Gut ist nicht gut genug – denn für den introvertierten Denker muss alles perfekt sein. Und dies setzt in der Regel eine saubere Planung voraus. So muss alles durchdacht sein, bevor gehandelt wird. Fehler dürfen nicht passieren, selbst eine Abweichung vom Plan wird schwer akzeptiert. In diesem Zusammenhang steht auch seine Devise: Vertrauen ist gut, Kontrolle ist besser. Nur durch genaue Prüfprozesse lassen sich eben Fehler vermeiden, und die Wahrscheinlichkeit steigt, die Dinge im Griff zu haben. Um dem extrem hohen Anspruch gerecht zu werden, steht auch die eigene Persönlichkeit ständig unter Aufsicht und Beschuss. Dieser Mensch weiß zwar, dass er etwas kann, vieles ginge aber halt noch besser. So ist seine Haltung sich selbst gegenüber höchst kritisch, und er findet immer etwas, das es zu bemängeln gibt. In der Folge leiden bisweilen Selbstwert und Außenwirkung, denn Eigenleistung und Person werden als nichts Besonderes betrachtet (obwohl Arbeitsqualität und Wissen in der Regel extrem hoch sind).

# Emotionen – wichtige Informanten

Emotionen bereichern unser Leben, können aber auch manchmal zerstörerisch wirken. Sie nehmen (oft unbewusst) Einfluss auf unser Verhalten, sind andererseits aber auch gezielt steuerbar. Woher kommen sie also und welchen Sinn haben sie? Und wie kommt es, dass manche Menschen immer fröhlich zu sein scheinen, während andere meist griesgrämig schauen?

## Wie Gefühle entstehen und verarbeitet werden

Ein Gefühl ist – ganz allgemein ausgedrückt – eine Reaktion auf einen Reiz. Dabei kann dieser Reiz von außen auf uns einströmen (z.B. der Kommentar eines Menschen oder der Dauerlärm der gegenüberliegenden Baustelle) oder er kann aus unserem Inneren entstehen. So produzieren unsere Gedanken, Bilderwelten und Haltungen entsprechende Emotionen. Wichtig ist dabei aber, wie der Reiz von uns bewertet wird. Nicht bei jedem Menschen schlägt das Herz beim Anblick eines schicken Sportwagens schneller, und nicht jeder ist bei negativer Kritik gleich verärgert oder eingeschüchtert. Was die Situation also mit uns macht, ist abhängig von unserer persönlichen Lerngeschichte.

### Beispiel: Es kommt auf die Bewertung an

Kai hat in seiner Vergangenheit die Erfahrung gemacht, dass Arbeiten in einem Team immer irgendwann zu Stress führt. Absprachen werden nicht eingehalten, Eigeninteressen stehen im Vordergrund, Fehler werden anderen untergeschoben usw. Nun bewirbt er sich in einem anderen Unternehmen und erhält die Info, dass dort Teamarbeit großgeschrieben wird. Sofort steigen verschiedene negative Emotionen in ihm auf. Er empfindet Unbehagen und Angst, dass er dem Job nicht gewachsen ist.

Kai erhält also bei dem Stichwort „Teamarbeit" gefühlsbezogene Informationen aus seinem Inneren. Dies lässt sich so erklären, dass Gefühle auf Erfahrungen basieren. Unser Körper speichert Ereignisse in Verbindung mit einer individuellen Bewertung. Genau das, was wir früher in dieser Situation empfunden haben, wird tief in unseren Zellen abgelegt und steht für spätere Situationen als Information zur Verfügung. Kai hat Teamarbeit für sich als extrem negativ abgespeichert und wird aus dieser Erfahrung heraus wohl kaum den Job annehmen.

Dieses Zugreifen auf unseren emotionalen Gedächtnisspeicher geschieht unbewusst. Das limbische System, das der Verarbeitung von Emotionen dient, reagiert hier unaufgefordert und blitzschnell – was ein Relikt unserer Vorfahren ist, die sofort auf bedrohliche Reize reagieren mussten. Erst in einem zweiten Schritt werden diese emotionalen Inhalte mit unseren rational agierenden Gehirnteilen verknüpft. Im Neocortex werden die gesamten Informationen zusammengeführt, genauer betrachtet, miteinander in Beziehung gesetzt, Konsequenzen bedacht und ggf. mit einer neuen Bewertung versehen.

## Sie können Ihre Gefühle steuern

Gefühle informieren uns also darüber, in welchem Zustand sich unser Organismus befindet. Ein Gefühl kann dabei eher als Gefühlserinnerung an ähnliche Situationen zur Verfügung stehen oder ganz spontan in einer aktuellen Situation auf ein Ereignis eintreten. Es kann aber auch ganz gezielt von uns „gemacht" werden, indem wir Gedanken oder Bilder in uns entstehen lassen, die positiv oder negativ besetzt sind.

### Beispiel: Gefühle bewusst steuern

Uwe soll in den nächsten drei Wochen seinen Chef vertreten, der wegen eines Unfalls im Krankenhaus liegt. Uwe arbeitete bislang als technischer Manager und fragt sich nun, wie er das schaffen soll. Er hat keine Führungserfahrung, kennt die Projekte und Ansprechpartner seines Chefs nicht, ist mit den Verwaltungsaufgaben nicht vertraut usw. Die Gedanken kreisen um all das, was Uwe nicht kennt oder weiß, und sie verursachen innere Unruhe. Bevor er aber Angst und Ratlosigkeit von ihm Besitz ergreifen lässt, setzt er sich erst einmal und sagt sich: „O.k., ich krieg' das hin! Der Chef wird ja wohl einen guten Grund gehabt haben, mich zu seinem Stellvertreter zu benennen. Nun hol ich mir alle notwendigen Informationen, verschaffe mir einen Überblick und dann sieht die Welt schon anders aus."

Uwe steuert also mit seinen positiv-strukturierenden Gedanken seine innere Gefühlswelt. Er steigert sich nicht in negative Szenarien hinein, sondern stoppt ganz bewusst sein destruktives Gedankenkarussell und setzt beruhigende Gedanken und logische Handlungsschritte dagegen. Damit verändert er seine Gefühle.

> Sie sind Ihren Emotionen nicht ausgesetzt. Überprüfen Sie, ob ein Gefühl in der aktuellen Situation tatsächlich angemessen ist. Auch alte Erfahrungen, die uns zu einer bestimmten Handlung drängen wollen, müssen für die Gegenwart nicht mehr gültig sein. Eine realistische Einschätzung der aktuellen Situation kann zu einer Neubewertung und damit zu anderem Verhalten führen.

## Gefühle wahrnehmen und nutzen

Voraussetzung dafür, dass wir unsere Gefühle in unserem Alltag steuern und auch nutzen können, ist die schlichte Tatsache, dass wir sie überhaupt wahrnehmen. Wir müssen daher unsere Aufmerksamkeit nach innen richten und uns fragen, was uns unser Körper gerade sagen will. Je besser wir unsere Gefühle kennen, umso schneller werden wir eine Antwort haben und adäquat handeln können.

Gefühle setzen Handlungen in Gang. Sie sind Impuls- und Richtungsgeber. Wirklich stimmige Entscheidungen können wir oft erst durch die Auswertung unserer Emotionen treffen.

| Leitfaden: So helfen uns unsere Gefühle |
|---|
| 1   Sie geben uns in neuen Situationen Orientierung, so dass wir schneller reagieren können. |
| 2   Sie unterstützen unseren Verstand durch wertvolle Informationen. |
| 3   Sie mobilisieren Energie und schaffen Handlungsimpulse. |
| 4   Sie helfen beim Planen und Einschätzen von künftigen Szenarien, z.B. „Werde ich mich in der neuen Wohnung wohl fühlen können?". |
| 5   Sie lenken unsere Entscheidungen. |
| 6   Sie informieren uns über das, was wir mit unserem Verhalten bei anderen Menschen auslösen. |
| 7   Sie helfen uns, Situationen und Menschen besser einzuschätzen. |

# Gefühle und Menschenkenntnis

Wir Menschen haben völlig unterschiedliche Gefühlswelten. Das liegt daran, dass wir Emotionen unterschiedlich erleben und handhaben. Wir unterscheiden uns darin, wie viel Wert wir Gefühlen beimessen und wie gut wir gelernt haben, sie zu erkennen und mit ihnen umzugehen. Manche Menschen nehmen ihre Gefühle nicht nur weniger wahr als andere, sondern meiden es auch, diese in ihre Kommunikation einzubinden. Das betrifft auch die Gefühle der Gesprächspartner, so dass einfühlende Gesprächsführung kaum bzw. nur unter großer Anstrengung stattfindet. Leichter ist es für solche Kopfmenschen, den Gesprächsinhalt schnell wieder auf die Sachebene zu lenken.

| Emotionen: Unterschiede zwischen Menschen | |
|---|---|
| Menschen unterscheiden sich darin, | Leitfragen, um Unterschiede zu erkennen |
| ob und wie sie ihre eigenen Gefühle wahrnehmen und verstehen. | • Weiß meistens, wie er sich fühlt?<br>• Nimmt körperliche Signale an sich selbst frühzeitig wahr?<br>• Kann sein Empfinden in Worte fassen? |
| ob und wie sie die Gefühle anderer wahrnehmen und verstehen. | • Kann sich in mich hineinfühlen?<br>• Kann aus verschiedenen Hinweisen (Stimme, Körpersprache usw.) auf mein Gefühl schließen?<br>• Kann Gefühle verstehen, die anders als seine eigenen sind? |
| welche Einstellung sie zu Gefühlen haben und ob sie sie nutzen. | • Nimmt seine eigenen und meine Gefühle wichtig?<br>• Ist daran interessiert, wie ich mich fühle?<br>• Entscheidet weniger nach seinem Gefühl als nach den Fakten?<br>• Bleibt meist auf der Sachebene? |

| Emotionen: Unterschiede zwischen Menschen | |
|---|---|
| Menschen unterscheiden sich darin, | Leitfragen, um Unterschiede zu erkennen |
| wie stark sie ihre Gefühle zeigen. | • Kann eigene Gefühle in Worte fassen und mir beschreiben?<br>• Zeigt lebendige Mimik/Gestik?<br>• Spüre ich als Gesprächspartner deutlich seine aktuelle Gefühle oder kommt nichts an? |
| ob und wie sie ihre eigenen Gefühle steuern können. | • Ist oft seinen Gefühlen ausgeliefert?<br>• Kann sich in schwierigen Situationen schnell beruhigen bzw. seine Stimmung verbessern?<br>• Kann Ärger und Wut kontrollieren? |
| ob und wie sie auf Gefühle anderer Einfluss nehmen können. | • Kann meine Gefühle in schwierigen Situationen zulassen oder reagiert vorwurfsvoll und abwehrend?<br>• Bezieht in Konflikten nur die Sachebene oder auch die Gefühlsebene mit ein?<br>• Kann meine extrem starken Gefühle wieder auf ein angemessenes Niveau herunterschrauben? |

## Gefühlsqualitäten

Wir alle können eine riesige Palette an Gefühlen in uns her-vorrufen. Diese reichen z.B. von Freude, Zufriedenheit und Gelassenheit über Neugierde, Stolz und Müdigkeit bis hin zu Wut, Enttäuschung und Angst – und es gibt noch viel mehr Gefühle. Bei mehrmaligen Begegnungen mit anderen Men-schen ist Ihnen aber vielleicht schon aufgefallen, dass man-che Personen ganz bestimmte vorherrschende Gefühle haben bzw. sie Ihnen verbal oder nonverbal vermitteln. Der eine scheint immer gut drauf zu sein, der andere regt sich über alles auf und verbreitet schlechte Stimmung. Wieder ein anderer erscheint emotional ruhig und stabil, wie ein Fels in der Brandung. Dies hat mit unterschiedlichen Wesensmerk-malen und Einstellungen zu tun.

Ein gefühlsorientierter Mensch steht seinem emotionalen Innenleben näher und kann daher verschiedene Gefühlsquali-täten leichter erkennen und benennen. Außerdem nimmt er Emotionen bei anderen leichter wahr. Die kognitiven Prozesse steuern dann ergänzend die aktuellen emotionalen Zustände: Wenn eine Person stets optimistisch durchs Leben geht, werden auch deren Gefühle meist positiv sein. Dagegen wird ein Mensch, der den Blick stärker auf Fehler und Verbesse-rungswürdiges richtet und sich selbst stets kritisch betrach-tet, seine Aufgaben mit einer negativeren Grundstimmung meistern.

Nichtsdestotrotz ist ein grundsätzlich fröhlicher Mensch auch mal unzufrieden und traurig, und ein gelassener Mensch auch mal wütend und irritiert.

### Übung: Welche Gefühle dominieren?

 Führen Sie sich einen Menschen vor Augen, dem Sie schon öfter begegnet sind: Welche vorherrschenden Gefühle nehmen Sie bei ihm wahr? Haben Sie den Eindruck, dass sich dieser Mensch leicht oder schwer tut, über Gefühle zu sprechen? Wo würden Sie ihn bei folgender Übersicht einordnen?

**Extraversion**

**Extravertiert, sachorientiert:**
- vorherrschende Gefühle: Unzufriedenheit und Ärger
- zeigt offen negative Gefühle
- nimmt bei sich selbst und anderen Gefühle nur bei starker Ausprägung wahr
- wenig Interesse an Gefühlen anderer

**Extravertiert, menschenorientiert:**
- vorherrschende Gefühle: Fröhlichkeit und Unbekümmertheit
- zeigt und spricht gern über seine Gefühle
- geht negativen Stimmungen lieber aus dem Weg

**Sach-orientierung** — **Menschen-orientierung**

**Introvertiert, sachorientiert:**
- vorherrschende Gefühle: Sorge und Bedrücktheit
- tut sich schwer, Gefühle differenziert wahrzunehmen
- lehnt es eher ab, Gefühle zu thematisieren, nimmt nicht gezielt Einfluss auf Gefühle

**Introvertiert, menschenorientiert:**
- vorherrschende Gefühle: Gelassenheit und Ruhe
- nimmt Gefühle anderer sehr gut wahr
- kann Gefühle klar benennen
- zeigt seine eigenen Gefühle nur vertrauten Personen

**Introversion**

# Wie sehen Sie sich selbst?

Wozu dieses Kapitel? Sie wollen doch andere besser einschätzen können und weniger das eigene Verhalten hinterfragen? Dennoch wird Ihnen die Selbsteinschätzung helfen,

- klarer die Unterschiede zwischen Menschen zu erkennen (wenn Sie wissen, was Ihre Persönlichkeit ausmacht),

- besser zu verstehen, warum Sie mit manchen Personen besser und mit anderen gar nicht auskommen,

- das eigene Verhalten auch als Anlass für die Reaktion Ihres Gegenübers bzw. Ihr Gegenüber als Auslöser für Ihr eigenes Verhalten zu betrachten,

- Ihre eigenen Stärken und Schwächen zu erkennen und damit auch Rücksicht und Verständnis für die Defizite anderer zu entwickeln,

- zu wissen, wann eine Verhaltensanpassung Ihrerseits empfehlenswert ist und wann es auch ohne geht.

Die nun folgenden Fragen sollen Sie anregen, sich mit sich selbst auseinanderzusetzen. Dabei werden Sie vermutlich auf manche Fragen spontan gar keine eindeutige Antwort haben. Um Antworten zu finden, können Sie einen Selbstbeobachtungsprozess starten oder vertraute Menschen fragen, wie sie Sie sehen.

## Checkliste zur Selbsteinschätzung

### Persönlichkeit

- Beschreiben Sie Ihre Persönlichkeit bzw. Ihren bevorzugten Verhaltensstil mit 7 – 10 Schlagworten!

- Auf welche Eigenschaften oder Verhaltensweisen sind Sie besonders stolz?

- Welches Verhalten möchten Sie häufiger zeigen?

- Wie werden Sie von anderen gesehen oder beschrieben?

- Worin sind Unterschiede zwischen Ihrem Selbstbild und dem Fremdbild, das andere von Ihnen haben, begründet?

### Motive und Werte

- Was treibt Sie an?

- Was wollen Sie erreichen? Wo wollen Sie hin?

- Was ist Ihnen wichtig, z.B. im Umgang mit anderen Menschen, für Ihr persönliches Umfeld oder Ihre berufliche / persönliche Entwicklung?

- Wann / wodurch fühlen Sie sich wohl und zufrieden?

- Was ärgert Sie bei anderen Menschen am meisten?

## Einstellungen / Haltungen

- Welche Einstellung haben Sie sich selbst gegenüber? (Was sind Sie sich wert? Welchen Einfluss schreiben Sie sich zu? Wie kritisch sind Sie sich selbst gegenüber?)

- Wie blicken Sie in die Zukunft? (Arbeitsmarkt, Gesundheit, soziale Bindungen ...)

- Wie denken Sie über Menschen, die anders handeln als Sie?

- Mit welcher inneren Haltung stehen Sie morgens auf und gehen zur Arbeit? Wie starten Sie ins Wochenende?

- Glauben Sie an das Gute, Positive, Erfolgversprechende oder eher an mögliche Schwierigkeiten und Nachteile?

## Emotionen

- Ist es Ihnen eher wichtig oder eher unangenehm, über Gefühle zu sprechen?

- Nehmen Sie körperliche Veränderungen an sich sofort wahr und können ihnen sogleich eine Gefühlsqualität zuordnen? Beschreiben Sie diese Gefühle!

- Haben Sie ein Gespür dafür, was in anderen vorgeht? Wie sehr können Sie sich in andere hineinversetzen?

- Treffen Sie Entscheidungen oft spontan und ihrem Gefühl entsprechend oder wägen Sie alle Kriterien genau gegeneinander ab und lassen dann Ihren Kopf entscheiden?

- Welche vorherrschenden Gefühle kennen Sie an sich?

## Körpersprache / Stimme / Sprachlicher Ausdruck

- Legen Sie eine lebhafte, Ihre gesprochenen Worte unterstreichende Körpersprache (v.a. Gestik) an den Tag oder eher eine ruhige, wenig unterstützende?

- Wie begegnen Sie anderen Menschen? (Händedruck / Blickkontakt / auf Distanz oder Nähe suchend)

- Wie stark ist die Modulation Ihrer Stimme (hoch/tief, laut/leise, schnell/langsam)?

- Reden Sie ohne Punkt und Komma oder überdenken Sie stark Ihre Worte, bevor Sie sie aussprechen?

- Bringen Sie Inhalte schnell auf den Punkt oder umschreiben Sie lieber Ihre Aussagen, um niemandem zu nahe zu treten?

## Auf einen Blick: Was Sie über Menschen wissen sollten

- Menschliches Verhalten wird beeinflusst durch unterschiedliche Persönlichkeitsmerkmale. So können Menschen eher extravertiert oder eher introvertiert sein. Sie unterscheiden sich auch darin, ob sie eher sachorientiert oder menschenorientiert vorgehen.

- Motive und Werte leiten unser Handeln. Haben wir erkannt, was andere antreibt und steuert, können wir mit Menschen besser umgehen.

- Einstellungen resultieren aus unseren Erfahrungen und formen unsere Sicht auf die Dinge. Sie haben somit einen starken Einfluss auf die Ergebnisse unserer Handlungen.

- Emotionen geben uns Orientierung und liefern uns wertvolle Informationen für unser Handeln. Gleichzeitig lassen sich Emotionen bewusst hervorrufen und steuern. Wir sind ihnen nicht hilflos ausgeliefert.

- Eine realistische Selbsteinschätzung hilft, unsere eigene Persönlichkeit in der Interaktion mit anderen Menschen besser zu verstehen und unser Handeln klarer auszurichten.

# Worauf Sie bei Menschen achten sollten

Um Menschen einschätzen zu können, müssen Sie Ihre Wahrnehmung schärfen und genau beobachten. Die Körpersprache Ihres Gegenübers ist dabei ein zentraler Schlüssel zum Verständnis. Lassen Sie sich jedoch Zeit für Ihren Beobachtungs- und Einschätzungsprozess, denn mit einem zu schnellen Urteil werden Sie Menschen meist nicht gerecht.

In diesem Kapitel lesen Sie,

- auf welche körpersprachlichen Signale Sie achten, und wie Sie diese einordnen können (ab S. 52),

- was unsere Stimme und unser sprachlicher Ausdruck über uns verraten (ab S. 56),

- wie wir andere wahrnehmen und einschätzen, und welche Fehler dabei entstehen können (ab S. 61).

# Körpersprache – der Schlüssel zum Verständnis

Durch unseren Körper drücken wir aus, wer wir sind, was wir denken und fühlen – meist mehr noch als über unsere Worte. Im Umgang mit anderen Menschen ist es also sehr hilfreich, auch diese Sprache zu verstehen. Wenn wir offen und interessiert hinschauen, gibt sie uns Aufschluss über die Persönlichkeit des anderen sowie über seine aktuelle Verfassung.

## Situative Einflüsse

Was uns innerlich gerade bewegt, wird über unsere Haltung, Mimik, Gestik nach außen transportiert. In der Regel passiert dies unbewusst. Unser Körper setzt unmittelbar um, was in uns abläuft. Sind wir verärgert oder erstaunt, wird unser nonverbaler Ausdruck dies genauso zeigen, wie er auch unsere Entspannt- und Zufriedenheit spiegelt. Körpersprache ist somit weitestgehend unverfälscht.

Andererseits können bestimmte Körperhaltungen und Gesichtszüge auch bewusst eingenommen werden, um ein bestimmtes Ziel zu erreichen. Wenn Sie Ihren Verhandlungspartner mit Ihren Argumenten oder Ihren potenziellen Arbeitgeber von Ihren Qualitäten überzeugen wollen, werden Sie sich vorher gut überlegen, wie Sie sich hinsetzen, wie viel Gestik Sie verwenden, wann Sie lächeln und wann Sie Ihrem Gesprächspartner ernst in die Augen schauen. Und in einer Wettbewerbssituation werden Sie sich körpersprachlich anders verhalten aus bei einem Essen mit Freunden.

> Bei der Einschätzung anderer Menschen ist es unumgänglich, die aktuellen Rahmenbedingungen der Situation und mögliche Motive des anderen zu berücksichtigen.

Darüber hinaus dürfen nicht nur einzelne Signale interpretiert werden. Es genügt z. B. nicht, Körperhaltung und Gestik zu studieren, ohne dabei Mimik und Stimme einzubeziehen. Die verschiedenen Aspekte der Körpersprache müssen miteinander verknüpft und ganzheitlich gedeutet werden, um der wahren Verfassung eines anderen näher zu kommen.

### Beispiel: Verschränkte Arme

 Claudia sitzt in der Besprechung mit übereinandergeschlagenen Beinen und verschränkten Armen. Bei einer schnellen Interpretation könnte man zum Ergebnis kommen, dass sich Claudia ablehnend verhält. Betrachtet man aber zusätzlich ihre Mimik und Kopfhaltung, so entsteht eher der Eindruck von Interesse und Konzentriertheit. Sie verfolgt die Themen aufmerksam und bringt sich hin und wieder ein. Die ganzheitliche, etwas längere Betrachtung ergibt nun folgende Erklärung: Claudia fröstelt es womöglich, da das Fenster im Besprechungsraum die ganze Nacht offen geblieben war. Ihre Körperhaltung bedeutet daher maximal einen Schutz vor Kälte.

## Ausdruck unserer Persönlichkeit

Wenn Sie Ihre Mitmenschen länger und in verschiedenen Situationen beobachten, werden Sie feststellen, dass jeder einzelne seine eigene Körpersprache ausgebildet hat. Sie werden immer wieder gleiche Haltungen, Gesten und mimische Ausdrücke erkennen. Diese gehen mit den Einstellungen, Motiven und Werten einher.

### Beispiel: Selbstsicher – selbstunsicher

 Ein von sich selbst überzeugter Mensch mit klaren Meinungen und Vorstellungen wird eher eine aufrechte Körperhaltung, einen festen Schritt und eine unterstützende Gestik an den Tag legen. Ein selbstunsicherer Mensch wird uns eher mit gesenktem Kopf und ausweichendem Blick begegnen.

Im Folgenden werden einzelne Aspekte der Körpersprache herausgegriffen, die Ihnen helfen, die Persönlichkeit anderer besser einschätzen zu können.

# Die Körperhaltung

Unsere Körperhaltung ist zum Teil von der Persönlichkeit abhängig, zum Teil situativ bedingt. Sie wird im Wesentlichen von unserer Muskulatur gesteuert. Bei einer unterspannten Haltung ist die Muskulatur schlaff, die Schultern hängen nach unten, sämtliche Bewegungen wirken desinteressiert und antriebslos. Beobachten Sie diese Haltung bei einem Menschen oft, kann es sich um jemanden handeln, dem es an Durchsetzungskraft und Energie mangelt. Er erscheint gleichgültig, passiv oder gar unterwürfig.

In einer überspannten Haltung sind die Muskeln dagegen angespannt. Oberkörper und Kopf sind nach hinten, das Becken nach vorne geschoben; die Knie sind durchgestreckt, Mimik und Blick sind eher starr. Eine derartige Haltung vermittelt der Umwelt, dass diese Person auf Distanz bleiben möchte oder gerade unter Druck steht. Die Anspannung kann auch mit dem Wunsch nach Kontrolle in Verbindung gebracht werden.

Befindet sich der Körper in einer aufrechten, entspannten Haltung, die dem Gesprächspartner zugewandt ist und von einem aufmerksam-freundlichen Blick begleitet wird, vermittelt die Person Aufgeschlossenheit und Selbstsicherheit. Mit großer Wahrscheinlichkeit handelt es sich hierbei um einen Menschen, der sich für andere interessiert, dabei aber auch seine eigene Meinung vertritt.

# Die Gangart

Noch bevor Sie jemanden sehen, hören Sie seine Schritte und wissen, da hat es jemand eilig. Vielleicht will diese Person nur den nächsten Zug erreichen, vielleicht ist sie aufgebracht und deswegen energisch unterwegs. Unsere Gangart wechselt wie unsere Haltung situationsspezifisch, ist gleichzeitig aber auch ein Persönlichkeitsmerkmal. So legen aktive, entschlossene Persönlichkeiten grundsätzlich ein energischeres Schritttempo mit eher großen Schritten vor. Sie wissen, wohin sie wollen, und treiben Dinge voran. Langsame und kleinere Schritte deuten dagegen auf einen introvertierten Menschen hin. Dieser macht lieber einen Schritt nach dem anderen und vor allem nicht überstürzt. Ein schleppender Gang zeugt von Bedenken und wenig Kraft. Er kann Zeichen einer Stresssituation oder auch eine grundsätzliche Eigenart eines sehr vorsichtigen, passiven Menschen sein.

### Beispiel: Nicht täuschen lassen

 Klaus Berger schleicht mit gesenktem Kopf aus dem Besprechungsraum. Sein Kunde hat gerade ein wichtiges Projekt platzen lassen, wochenlange Bemühungen um diesen Folgeauf-

> trag waren vergebens. Der sonst so engagierte und zielorientier-
> te Projektleiter ist frustriert und ausgepowert. Sein normaler-
> weise kraftvoller Gang wird Opfer seiner negativen Stimmung.

Je nachdem, in welcher Verfassung wir sind, ist unsere Gangart mal schleppender, mal energischer. Grundsätzlich haben
wir jedoch eine bevorzugte, typische Art zu gehen.

# Die Gestik

Gesten unterstützen das gesprochene Wort, indem sie Inhalte
und Emotionen unterstreichen. Unsere Kommunikation wird
dadurch lebendiger. Vergleichen wir die Gestik von uns Deutschen (oder auch anderer Mitteleuropäischer) mit südländi-
scher Gestik, werden wir Deutschen insgesamt weniger leb-
haft erscheinen. Dennoch gibt es auch bei uns Unterschiede:
Manche reden mit Händen und Füßen, manchen würde man
dagegen gerne etwas unterstützend unter die Arme greifen.
Gestik ist also individuell und eng gekoppelt mit unserer
Persönlichkeit. Extravertierte zeigen mehr, Introvertierte
weniger Gestik.

Wie viel Gestik wir verwenden, ist aber genauso situativ
beeinflusst. So kann ein extrem bewegendes Ereignis auch
einen Introvertierten mehr gestikulieren lassen, während er
normalerweise weniger Gestik zeigt.

# Der Händedruck

Der Händedruck ist oft der erste Kontakt mit einem fremden
Menschen. Da er kaum variieren wird, kann man auch ihn als
Indiz für eine grobe Einschätzung nutzen. Ein selbstbewuss-

ter Mensch wird einem fest die Hand drücken, ohne es zu übertreiben, während eine dominante Person schon mal kräftig zudrückt. Ein kritisch-misstrauischer Mensch wird Ihnen meist einen durchgedrückten Arm entgegenstrecken, der zeigt, dass er Sie auf Abstand halten möchte. Ein sehr schüchterner Mensch wird es ganz vermeiden, Sie zu berühren. Wenn es doch zum Händedruck kommt, wird seine Hand vielleicht etwas feucht sein und kaum Druck ausüben. Sie spüren, dass sich dieser Mensch möglichst schnell der Situation entziehen möchte. Auch sein Blickkontakt ist flüchtig.

## Mimik und Blickkontakt

Der Gesichtsausdruck eines Menschen spricht oft Bände. Wir erkennen aus dem Zusammenspiel von Augen, Stirn, Mund und Lippen, was der andere gerade denkt bzw. fühlt. Der Grund: Die emotionale Befindlichkeit drückt sich in unserer Mimik aus. Natürlich gibt es auch hier wieder individuelle Unterschiede. Die Introvertierten halten das, was in ihnen vorgeht, eher zurück, so dass ihr Gesichtsausdruck auch über längere Zeit fast unverändert bleiben kann und man ihnen so manche Gefühlsregung nicht anmerkt. Extravertierte scheuen dagegen weniger davor zurück, anderen ihre Befindlichkeiten auf diese Art mitzuteilen.

Eine wichtige Orientierungshilfe bei der Interpretation des nonverbalen Ausdrucks bieten auch die Augen und der Blick: Ein offener wacher Blick spricht für eine interessierte Person, während ein Mensch mit matten Augen und suchendem Blick orientierungslos und unzufrieden wirkt. Ein Blick von unten wirkt verunsichert, der Blick von oben eher dominant. Blickrichtung und Ausdruck der Augen ändern sich jedoch meist sehr schnell und liefern daher keine allzu eindeutigen Hinweise auf eine bestimmte Persönlichkeit.

Ein wertvolleres Indiz ist aber die Dauer des Blickkontakts. Ein selbstsicherer, beziehungsorientierter Mensch wird ganz natürlich – ohne zu bohren – den Augenkontakt zu anderen halten. Ein dominanter Mensch wird ihn suchen, weil er seine Botschaft zielsicher platzieren will. Selbstunsichere Persönlichkeiten haben dagegen Schwierigkeiten mit dem Aufrechterhalten des Blickkontakts. Sie zweifeln an sich selbst und sind vorsichtig-zurückhaltend. Ihr Blick ist ausweichend und instabil – wie auch deren Persönlichkeit.

> Blickkontakt wird eher von extravertierten als von introvertierten Menschen gesucht und gehalten. Erstere brauchen das Feedback von außen. Introvertierte blicken mehr nach unten und meiden häufig dann den Blickkontakt, wenn es z.B. um das Äußern ihres Standpunkts oder eines Wunsches geht.

# Was Stimme und Worte verraten

Laut oder leise, kräftig oder dünn, schnell oder langsam? Mit unserer Stimme können wir auffallen oder langweilen, andere anschuldigen oder ihnen Respekt zollen. Stimme und Worte sind mächtige Werkzeuge der Kommunikation und aussagekräftige Merkmale unserer Persönlichkeit. Aus ihnen lässt sich schnell und relativ treffsicher ableiten, mit welchem Menschen wir es zu tun haben.

# Spiegel unserer Stimmung

Unsere Stimme ist ein sehr gutes Stimmungsbarometer. Sie hängt direkt mit unseren Emotionen zusammen und ist eng mit der Atmung gekoppelt. Wenn Sie aufgeregt oder verunsichert sind, werden Sie schnell und flach atmen. Ihre Stimme wird dadurch piepsig oder schleppend daherkommen. Sie geraten ins Stocken, oder Ihre Stimme versagt Ihnen vollends. Sind Sie müde oder frustriert, klingt Ihre Stimme vermutlich leise und kraftlos. Nur wenn Sie sich gut und sicher fühlen, wird Ihr Atem frei fließen. Ihre Stimme wird dann deutlich und energiegeladen bei anderen ankommen.

Aber nicht jeder Mensch legt eine kraftvolle, überzeugende und feste Stimme an den Tag, selbst wenn es ihm gut geht. Introvertierte Menschen haben eher eine zurückhaltende, leise Stimme, teilweise sogar eine undeutliche Aussprache. Auch das Sprechtempo ist in der Regel langsamer als bei den extravertierten Persönlichkeiten. Dies ist leicht verständlich, da die Introvertierten nicht auffallen wollen und eher im Hintergrund wirken. Dazu benötigen sie keine kräftige Stimme. Sie mögen es auch insgesamt ruhiger. Alles Laute, Aufdringliche, Schrille lehnen sie ab – bei sich selbst wie auch bei anderen.

### Übung: Variieren Sie Ihre Stimme

 Stellen Sie sich mit Ihrer Stimme auf Ihren Gesprächspartner ein: Reduzieren Sie Ihr Sprechtempo und Ihre Lautstärke gegenüber introvertierten Personen. Werden Sie bestimmter und schneller im Gespräch mit Extravertierten.

# Unterschiede in der Sprechweise und im Sprachgebrauch

Lautstärke und Sprechtempo sind also zum einen stimmungsabhängig, zum anderen wiederum persönlichkeitsabhängig. Doch wie steht es um die Modulation der Stimme beim Sprechen? Und wie um das, was wir sagen?

## Viel Modulation, wenig Struktur

Sie kennen sicher Menschen, die recht melodisch, vielleicht fast schon theatralisch kommunizieren. Sie betonen auffallend einzelne Wörter und variieren stark in Geschwindigkeit, Lautstärke und -höhe. Es ist meist spannend, ihnen zuzuhören, weil ihr Ausdruck so voller Emotionen steckt. Manchmal wird das Zuhören aber auch anstrengend, da ohne Punkt und Komma, fast vollkommen ohne Pausen gesprochen wird.

Inhalt: Nicht selten kommt dieser Mensch inhaltlich vom Hundertsten ins Tausendste, bleibt also nicht zwingend beim Thema. Die exakte Wortwahl bedenkt er selten, denn sein Herz trägt er auf der Zunge. Oft muss Gesagtes zurückgenommen werden, wenn wieder einmal der Mund schneller als das Gehirn war. Diese Menschen gehören mit großer Wahrscheinlichkeit zu den extravertierten Gefühlsmenschen, die unbekümmert aussprechen, was sie gerade bewegt. Im Sprachgebrauch finden sich – den Motiven und Einstellungen entsprechend – viele Superlative und zukunftsweisende Aussagen, die die Lust am Ausprobieren deutlich machen.

## Wenig Modulation, viel Struktur

Im Gegensatz dazu gibt es Menschen, deren Aussagen eher monoton und sachlich daherkommen. Man hört fast schon, wie sie nachdenken, bevor ein Wort ihren Mund verlässt. Sie wollen nur selektiv informieren und dabei nichts Falsches sagen. Ihr Tempo ist daher verlangsamt. Teilweise hören sich diese Menschen dann an, als würden sie vorlesen, da sie ordentlich verschachtelte, lange Sätze bilden. Man kann hier den introvertierten Denker erkennen. Struktur und Genauigkeit bestimmen nicht nur seinen Arbeitsstil sondern auch seine Sprechweise.

Inhalt: Beim Inhalt achtet dieser Mensch auf eine korrekte, bisweilen anspruchsvolle Wortwahl, Fremdwörter und Fachjargon inklusive. Er unterstreicht einfach gerne (teilweise unbewusst) seinen Intellekt. Die Emotionen bleiben dabei auf der Strecke, werden auch nicht als notwendige Kommunikationsunterstützung betrachtet. Auf viele Zuhörer wirkt dies einfach nur nüchtern, im Extremfall langweilig oder auch anstrengend und abgehoben. Da dieser introvertierte Mensch aber auch grundsätzlich vorsichtig vorgeht, drückt sich dies ebenfalls im Sprachgebrauch aus: Konjunktive, Weichmacher, das Verwenden der undefinierten 3. Person („man"). So bleibt manches im Unklaren oder wird hinausgezögert.

## Schnell auf den Punkt, Klartext

Dann gibt es diejenigen, die die Dinge konkret und schnell auf den Punkt bringen. Das Satzende wird stimmlich deutlich gesetzt, indem sich die Tonhöhe verringert. Solch ein klarer

Satzabschluss macht es anderen oft schwer, etwas dagegen zu setzen. Inhaltlich kann man den Ausführungen gut folgen, sind sie doch logisch aufgebaut und mit allen notwendigen Informationen versehen. Diese klaren, also unverblümt ausgesprochenen Worte, haben in der zwischenmenschlichen Kommunikation aber zwei Seiten: Einerseits wird deutlich, was dieser Mensch denkt und braucht, auf der anderen Seite kann nicht jeder mit einer ungeschminkten Wahrheit umgehen. So wünschen sich manche mehr Diplomatie von diesen eher extravertierten Kopfmenschen.

## Drumherum, verklausuliert

Das Gegenstück dazu sind die introvertierten Gefühlsmenschen, die vorsichtig und rücksichtsvoll ihre Sätze bilden. Sie wollen nicht gleich mit der Tür ins Haus fallen und schon gar nicht: jemandem auf die Füße treten. Daher verpacken sie auch so manche Rüge und stellen vielmehr Fragen, um sich das Einverständnis anderer zu sichern. Es ist ihnen auch unangenehm, Dinge direkt einzufordern. Sie wollen auf höfliche und nette Art zum Ziel kommen. In manchen Ohren kommen dann auch Anweisungen oder Kritik nicht wirklich an. Die Stimme des introvertierten Beziehungsmenschen müsste dazu vehementer und nachdrücklicher klingen, die Sätze müssten ohne Konjunktive formuliert und die Vorgehensweise ohne Umschweife ausgesprochen werden.

| Übersicht: Unterschiede in Modulation und Inhalten | |
|---|---|
| **Merkmal** | **Beispiel** |
| Viel Modulation, wenig Struktur | „Wir müssen am Wochenende *un*bedingt in dieses neue *super* leckere Lokal – du weißt schon – Tommy war da, ach, der hat übrigens eine neue Freundin ..." |
| Wenig Modulation, viel Struktur | „Man könnte ja vielleicht am Wochenende in dieses neue Lokal, von dem ich gelesen habe ..." |
| Schnell auf den Punkt, Klartext | „Ich brauche von Ihnen die Daten bis Donnerstag! Und falls Ihnen was dazwischenkommt, rufen Sie rechtzeitig an. Wir können es uns nicht erlauben, dass der Kunde wieder verärgert ist." |
| Drumherum, verklausuliert | „Es wäre schön, wenn ich von Ihnen in den nächsten Tagen die Unterlagen bekäme. Sie wissen ja, dass der Kunde etwas schwierig ist. Und daher, na ja, sollten wir schon darauf achten, dass wir ihm nicht wieder einen Grund liefern, sich zu ärgern. Was meinen Sie?" |

# Wie nehmen Sie andere wahr?

Zur Einschätzung anderer Menschen benötigen wir Informationen. Diese holen wir uns aus aktuellen sowie ggf. auch vergangenen Beobachtungen. Der Rest läuft dann eigentlich automatisch in unserem Gehirn ab. Doch so klug unser Geist auch ist, er kann nur das verarbeiten, was bei ihm ankommt, und dieses auch nur mit dem abgleichen, was bereits als Wissen oder Erfahrung abgespeichert ist. Und genau hier kommt es zu individuellen Einschränkungen und Verzerrungen.

## Unser Wahrnehmungsprozess

Über verschiedene Sinnesorgane nehmen wir Vorgänge in uns und unserer Umwelt wahr. Wir sehen einen anderen Menschen, riechen ihn, spüren seine Hand beim Händeschütteln, hören den Klang seiner Stimme. Diese Erfahrungen werden an unsere Großhirnrinde weitergeleitet, werden dort verarbeitet und führen uns schließlich zu einer Reaktion. Automatisch verknüpft werden dabei unsere Wahrnehmungen mit unserer individuellen Lerngeschichte: mit Erfahrungen, Einstellungen und Überzeugungen, Erwartungen und Interessen. All dies führt dazu, dass wir unsere Umwelt auf ganz bestimmte Weise wahrnehmen – eingefärbt und stark selektiv. Wir wählen nämlich unbewusst auch nur bestimmte Dinge aus unserer Umwelt aus. Vieles gelangt gar nicht erst in unser Wahrnehmungsfeld. So erklärt sich, warum wir manche Gegenstände nicht gesehen oder auch Aussagen von anderen nicht gehört haben, während ein anderer Mensch in derselben Situation diese Dinge registriert hat, aber wiederum vielleicht Aspekte, die uns aufgefallen sind, ausgeblendet hat.

Wahrnehmung ist immer ein stark subjektiver und selektiver Prozess.

# Was wir aus unserer Wahrnehmung ableiten

Wenn wir einen anderen Menschen treffen, nehmen wir sein verbales und nonverbales Verhalten wahr: Wie bewegt er sich, wie und über was spricht er, wie geht er mit mir um? Aus diesen Informationen leiten wir dann Beweggründe und Erklärungen für sein Verhalten ab. Wir schreiben ihm folglich ganz bestimmte Eigenschaften zu und entwickeln Annahmen über sein künftiges Verhalten – ein Vorgang, den man in der Psychologie Attribution nennt.

### Beispiel: Der ist doch bestimmt ...

 Der Herr mit Krawatte uns schräg gegenüber in der S-Bahn sieht streng und akkurat aus. Sein Notebook ruht auf seinen Oberschenkeln. Er ist gerade in die FAZ vertieft, als sein Handy schrill klingelt. Es geht um irgendwelche Investments. Sofort schießt uns durch den Kopf: Der ist bestimmt Banker.

Blitzschnell haben wir ein Urteil über diesen fremden Menschen parat. Und oft finden wir unsere Schlussfolgerungen und Erwartungen sogar bestätigt – kein Wunder, denn wir suchen nach Bestätigung! Wir fokussieren uns auf die Handlungen und Äußerungen, die unser Urteil untermauern.

### Beispiel: Bestätigt!

 Unser Krawattenträger spricht nun von einem Termin in der Bank. Klar, wussten wir's doch: ein Banker! In Wirklichkeit dreht sich das Gespräch vielleicht um eine rein private Angelegenheit und der Mann in Anzug und Krawatte ist Wirtschaftsingenieur auf dem Weg zu einem Kundentermin ...

Es ist natürlich leichter, schnell einen Haken hinter einen be-
stätigten ersten Eindruck zu setzen und damit den Menschen
kategorisiert zu haben, als nach weiteren Kriterien Ausschau
zu halten, die unser Bild möglicherweise verändern würden.
Versuchen Sie dennoch im Sinne einer besseren Menschenkenntnis, umfassender und länger zu beobachten und Ihre
Einschätzung infrage zu stellen.

### Übung: Schulen Sie Ihre Wahrnehmung

 Beobachten Sie andere Menschen: auf Ihrem Weg zur Arbeit in
öffentlichen Verkehrsmitteln, beim Schlangestehen vor einer
Kasse oder auf einer Veranstaltung. Nehmen Sie möglichst viele
Facetten wahr: Kleidung, Mimik, Accessoires, Körperhaltung,
Gestik ... Was geht Ihnen dabei durch den Kopf? Welche
Schlussfolgerungen ziehen Sie aus Ihren Wahrnehmungen?
Überprüfen Sie, wenn möglich, den Wahrheitsgehalt Ihrer
Vermutungen. Seien Sie dabei bewusst auf der Suche nach
Fehleinschätzungen. Fragen Sie auch Ihre Begleitung, was sie
bei diesen Menschen wahrgenommen hat und gleichen Sie Ihre
Ergebnisse ab.

# Der erste Eindruck

Menschen wirken auf uns. Sie rufen in uns Ideen, Vorstellungen, Sympathie oder Antipathie hervor. Wir spüren sofort, ob
wir einem Menschen trauen und ihn für kompetent halten
oder nicht. Das alles passiert innerhalb weniger Sekunden.
Wir müssen dazu gar nicht mit einem Menschen ins Gespräch kommen, um einen ersten Eindruck von ihm zu haben.
Seine nonverbalen Signale, die Körperhaltung, seine Kleidung,
sein Gang, der Blick, seine Mimik und Gestik senden uns

alles, was wir für eine schnelle Bewertung brauchen. Doch nicht immer bewahrheitet sich unser erstes Bild. Manchmal müssen wir nach einem ersten Austausch mit dem Fremden feststellen, dass wir unser Urteil – zumindest in Teilen – revidieren müssen.

## Beispiel: Ein erster Eindruck

Robert steht zu Beginn des zweitägigen Seminars abseits und beobachtet. Dann setzt er sich auf einen Stuhl und blättert in den Unterlagen. Roberts Mine ist versteinert, sein Blick skeptisch. Kontakt zu anderen Seminarteilnehmern sucht er nicht.

Der erste Eindruck, den Robert bei vielen anderen Teilnehmern hinterlässt, ist Arroganz und Ablehnung. Keiner hat das Bedürfnis, auf ihn zuzugehen, weil Robert mit seiner Körpersprache signalisiert, dass er sich nicht unterhalten will. Wie sich später herausstellt, ist Robert tatsächlich kein Mensch, der offen auf Fremde zugeht, sondern eher abwartet. In Gesprächen hat er die Befürchtung, nicht interessant genug für andere zu sein. Daher spricht er lieber weniger und nur über Themen, in denen er sich absolut auskennt. Robert ist schüchtern. Er ist ein introvertierter Typ, der Angst vor Ablehnung hat. Der Eindruck, den er bei den anderen Seminarteilnehmern hinterlassen hat, ist also nur bedingt richtig. Robert wirkt zwar im ersten Moment arrogant. De facto rührt seine Haltung aber aus einer großen inneren Unsicherheit.

Es gibt keine zweite Chance für einen ersten Eindruck. Mit einem zweiten Blick werden Sie jedoch den meisten Menschen eher gerecht.

# Der Schein trügt: Wahrnehmungsfehler

Unsere Wahrnehmung unterliegt diversen Verzerrungen und Fehlern. Machen Sie sich daher hin und wieder bewusst, was in Ihnen passiert, um mögliche Fehler zu vermeiden:

- Erwartungen und Vorstellungen: Diese verengen unseren Blick bezüglich einer Person oder Situation. So kommt es, dass sich vieles nach dem Prinzip der „sich selbst erfüllenden Prophezeiung" entwickelt.

- (Vor-)Informationen von anderen: Verknüpfen wir diese mit unseren Erfahrungen und Meinungen führen oft zu Vorurteilen gegenüber anderen Menschen.

### Beispiel: Wie Vorurteile entstehen

 Sie haben einen Kollegen in der Nachbarabteilung, von dem Sie wissen, dass er oft krank ist. Von einer anderen Kollegin haben Sie gehört, dass er seine Arbeit nicht besonders schnell erledigt. Für Sie ist nun klar, dass der Kollege zu den „unfähigen Krankmachern" gehört, die die Firma durchschleppt, während Sie sich zu den Leistungsträgern zählen.

- Subjektive Persönlichkeitstheorien: Der Beobachter hat eine ganz bestimmte Vorstellung davon, welche Eigenschaften zusammengehören. Einen Mensch, der z. B. sportlich aktiv ist, hält er auch für beruflich erfolgreich. Solche Eigenschaften werden automatisch zugeordnet, ohne dass sie beobachtet werden.

- Stereotype: Menschen, die einer bestimmten Gruppe angehören, werden mit denselben Attributen verbunden, die dieser Gruppe zugeschrieben werden, wie z.B.: „Informatiker sind introvertiert und können sich nicht durchsetzen".

- Ähnlichkeitsphänomene: Wir bewerten einen Menschen besser, der uns selbst in Verhalten und/oder nach Herkunft ähnelt. Auch Vergleiche zwischen anderen Menschen werden unbewusst hergestellt.

### Beispiel: Gleiches Aussehen, gleiche Eigenschaften?

 Ihr neuer Nachbar sieht aus wie Ihr Chef, mit dem Sie überhaupt nicht klar kommen. Automatisch werden Sie Ihren Nachbarn eher meiden, weil Sie ihm ähnliche Eigenschaften wie Ihrem Vorgesetzten zuschreiben und damit eine angenehme nachbarschaftliche Beziehung für unmöglich halten.

- Projektion: Eigene Wünsche oder Stimmungen werden auf andere Personen projiziert. Dabei spielt die aktuelle Befindlichkeit eine wesentliche Rolle. Eigene Verhaltensweisen werden dann vermeintlich am anderen ausgemacht, der jedoch nur eine Projektionsfläche darstellt. Der unfreundliche Bäcker am Morgen ist also vielleicht nur die Projektion unserer eigenen Morgenmuffeligkeit.

- Attributionsfehler: Ereignisse können verschiedenen Ursachen zugeschrieben werden. Auf der Suche nach Erklärungen laufen wir Gefahr, eine (ungeliebte) Person für Misserfolg verantwortlich zu machen, ohne dabei über andere Ursachen oder widrige Umstände nachzudenken.

- Schubladendenken: Sie haben sie sicher auch, Ihre persönlichen Schubladen, auf denen vielleicht steht: „Geht gar nicht", „Langweiler", „Besserwisser" oder „Dummschwätzer". Menschen landen schnell in unseren individuellen Positiv- oder Negativ-Schubladen. Aber ist das rasche Urteil gerechtfertigt? Geben Sie diesen Menschen eine Möglichkeit, aus ihrer Schublade wieder herauszukommen?

## Checkliste: Aufmerksam wahrnehmen und einschätzen

- Achten Sie auf möglichst viele Kriterien bei anderen Menschen: Körpersprache, Stimme, sprachlicher Ausdruck, Arbeitsverhalten, Motive usw.

- Berücksichtigen Sie die jeweilige Situation des anderen: Profilierungsdruck, Stresssituation, Angst, körperliche Verfassung usw.

- Sofern möglich oder Ihnen bekannt – berücksichtigen Sie die persönliche Geschichte des anderen: Erfahrungen, prägende Ereignisse, kulturelle Besonderheiten usw.

- Beobachten Sie die Person in möglichst vielen und unterschiedlichen Situationen: im Meeting, im persönlichen Arbeitszimmer, bei einer Präsentation, in der Mittagspause, in privaten Gesprächen usw.

- Hören Sie genau hin. Welche Worte benutzt Ihr Gegenüber und was können Sie aus der Modulation seiner Stimme ableiten?

- Erspüren Sie auch, welche Atmosphäre durch das Auftreten und die Anwesenheit dieses Menschen entsteht.

- Suchen Sie nicht nur nach Bestätigung Ihres ersten Eindrucks, sondern filtern Sie Beobachtungen heraus, die Ihrer Einschätzung widersprechen.

# Wir sehen nur Ausschnitte

Wir können nur das wahrnehmen, was andere uns zeigen – und das ist natürlich immer nur ein Ausschnitt und nicht unbedingt repräsentativ für diese Person. Wir können daher nie von einer Situation auf die ganze Persönlichkeit schließen. Wir müssen immer bedenken, dass das gezeigte Verhalten tagesformabhängig und situationsspezifisch ist. Und oftmals sind andere ja gerade darum bemüht, nur ganz bestimmte Aspekte von sich zu zeigen!

## Menschen in Ausnahmesituationen

Menschen (re-)agieren meist in einer für sie typischen Weise, aber eben nicht immer. Aktuelle Gefühlslagen, gesundheitliche Einschränkungen oder außergewöhnliche Bedingungen sorgen dafür, dass ein anderes als das übliche Verhalten gezeigt wird.

### Beispiel: Extremsituation

 Andreas ist eigentlich ein ruhiger, kooperativer Mitarbeiter, der noch nie negativ aufgefallen ist. Heute aber in der Verhandlung mit dem Kunden rastet er regelrecht aus: Er beschuldigt ihn lautstark, unfair und unzuverlässig zu sein, gestikuliert hektisch und verlässt dann aufgebracht den Besprechungsraum.

Um Andreas' Verhalten zu verstehen, muss man seinen privaten Hintergrund kennen: Sein Vater ist kürzlich verstorben, bei seiner Frau wurde Krebs diagnostiziert, er selbst kämpft mit finanziellen Schwierigkeiten. Er steht unter Stress, was bei ihm untypische und extreme Verhaltensweisen hervorruft.

Auch neue Situationen oder fremde Menschen verursachen in uns oftmals andere Gedanken und Gefühle als ein vertrautes Umfeld. So zeigen wir unterschiedliche Facetten von uns, die für Außenstehende verwirrend sein können.

## Menschen in Anpassungssituationen

Für viele Menschen macht es einen Unterschied, ob sie sich im Beruflichen oder Privaten bewegen. Dem machtbewussten Chef oder dem intrigierenden Kollegen gegenüber werden sie sich vermutlich vorsichtig verhalten, auch wenn dies vielleicht gar kein typischer Wesenszug von ihnen ist. Oder sie lassen zuhause ihren inneren Chaoten regieren, während sie in der Firma bemüht sind, ihren Schreibtisch stets aufgeräumt zu halten und immer pünktlich zu Meetings zu erscheinen.

Wir passen uns also den äußeren Umständen an und zeigen oftmals ein rein nutzenorientiertes Verhalten – um uns zu schützen, um Vorteile zu erzielen, um ein positives Bild von uns abzuliefern.

In der folgenden Tabelle sehen Sie einen Überblick: Was in uns vorgeht und was nach außen sichtbar wird, anhand der Figur des Andreas aus dem Beispiel von S. 69.

| Was in Andreas vorgeht | Was andere sehen |
| --- | --- |
| Emotionen / körperlicher Zustand | Körpersprache / Stimme |
| Trauer um den verstorbenen Vater. | Hektische Bewegungen, v.a. Gestik. |
| Angst vor dem Tod seiner Frau; drohende Einsamkeit. | Hochgezogene Schultern, krummer Rücken. |
| Hilflosigkeit wegen mangelndem Einfluss auf Krankheitsverlauf. | Angespannte Mimik: zusammengepresste Lippen, fester Kiefer, Stirn in Falten, lacht nicht. |
| Wut auf Ärzte, da sie Erkrankung zu spät erkannt haben. | Kleine, traurige Augen oder vor Wut blitzend. |
| Angst vor finanziellem Ruin → Existenzangst. | Extreme Stimmungsschwankungen (leise, traurig, zurückgezogen / laut, hektisch, aufbrausend). |
| Schlafstörungen → Verspannungen, Kopfschmerzen, Müdigkeit, innere Unruhe, geschwächtes Immunsystem. | **Verhalten** |
| | Kommt morgens spät, geht früh oder unterbricht Arbeitszeit für ein paar Stunden; an privaten Feierlichkeiten nimmt er nicht teil. |
| Persönliche Instabilität, Überforderung, depressive Verstimmtheit. | In Besprechungen stumm, schaut zum Fenster hinaus. |
| **Einstellungen / Motive/ Werte** | Ist unzuverlässig, macht Fehler. |
| Wie wird die Krankheit verlaufen? Wie soll ich das alles schaffen? Welchen Sinn hat dann mein Leben noch? | Fragt öfters nach, vergisst einfache Erledigungen. |
| Die Arbeit interessiert mich nicht – ich hab' andere Sorgen. Das Wichtigste ist, dass meine Frau wieder gesund wird. Was andere gerade von mir denken, ist mir egal. | Fährt andere plötzlich an, stößt diese mit harten / direkten Aussagen vor den Kopf. |

### Auf einen Blick: Worauf Sie achten sollten

- Die Körpersprache eines Menschen transportiert nach außen, was in seinem Inneren vorgeht. Sie ist daher ein zentraler Schlüssel zur Einschätzung anderer Menschen. Durch die Gesamtschau verschiedener Signale und Informationen über Person und Situation gelangen wir zu einem stimmigen Gesamtbild.

- Unsere Stimme transportiert unsere aktuelle Stimmung nach außen und gibt Hinweise auf Intro- bzw. Extraversion.

- Am sprachlichen Ausdruck können wir recht gut erkennen, ob wir es mit einem vorsichtigen, einem strukturierten, einem sehr emotionalen oder einem zielorientierten Menschen zu tun haben.

- Unsere Wahrnehmung ist immer subjektiv und selektiv. Wahrnehmungsfehler schleichen sich leicht ein. Auch der erste Eindruck ist nicht immer richtig. Geben Sie Menschen eine zweite Chance.

- Wir sehen immer nur einen Ausschnitt der Persönlichkeit eines Menschen. Dieser muss nicht repräsentativ für sein ganzes Wesen sein. Auch die aktuelle Situation spielt eine große Rolle.

# Wie Sie sich auf Menschen einstellen

Schwierigkeiten im menschlichen Miteinander sind normal. Wie können wir Sie lösen oder gar vermeiden? Dabei hilft uns eine bessere Menschenkenntnis.

In diesem Kapitel lesen Sie, wie Sie

- introvertierten Menschen typgerecht begegnen (ab S. 77),
- vorgehen, um sachorientierte Menschen zu überzeugen (ab S. 93),
- sich gegenüber selbstbewussten Persönlichkeiten behaupten können (ab S. 98),
- unterschiedliche Arbeitsweisen auf ein gemeinsames Ziel ausgerichten können (ab S. 105).

# Menschliches Miteinander – sozial kompetent handeln

Bislang haben Sie viel über menschliches Verhalten erfahren. Sie wissen, was Menschen steuert und auf welche Kriterien Sie achten können, um andere besser einzuschätzen. Eventuell haben Sie auch mehr Klarheit über Ihre eigenen Verhaltensschwerpunkte gewonnen. Nun sollen Sie konkrete Hilfestellung dafür bekommen, wie Sie dieses Wissen in die zwischenmenschliche Kommunikation einfließen lassen können. Wenn Sie also erkannt haben, mit wem Sie es zu tun haben, können Sie für sich selbst adäquate Verhaltensweisen ableiten. Durch das Einstellen auf andere verbessern Sie die Kommunikation bzw. die Zusammenarbeit oder das Zusammenleben. Sie punkten damit in mehrfacher Hinsicht:

- Sie schaffen Zufriedenheit und Motivation bei anderen.
- Sie werden von anderen geschätzt.
- Sie fühlen sich bestärkt und zufrieden durch ihren erfolgreichen Umgang mit anderen.
- Sie können beruflich mehr erreichen, weil Sie sozial kompetent handeln.
- Sie erweitern Ihr Handlungsrepertoire, Ihre Sichtweisen, werden flexibler und sicher im Umgang mit anderen.

## Wodurch Konfliktpotenziale entstehen

Im Prinzip bestehen Konfliktpotenziale immer dann, wenn Menschen unterschiedliche Ziele verfolgen, verschiedene

Vorgehensweisen an den Tag legen oder ihre divergenten Werte, Motive, Ein- oder Vorstellungen aufeinanderprallen. Die Unterschiede schaffen dann oft Unverständnis, Irritation oder Unmut. Auseinandersetzungen oder auch Vermeidungsverhalten können die Folge sein.

Die hier folgenden Fragen können Ihnen Hinweise auf Menschen liefern, die nicht so ticken wie Sie. In der Interaktion mit diesen Persönlichkeiten besteht die Gefahr eines erhöhten Konfliktpotenzials.

---

### Checkliste: Der Blick auf andere

- Welche Menschen sind Ihnen suspekt oder unsympathisch? Und warum?

- Mit welchem Verhalten anderer haben Sie am meisten Schwierigkeiten? Und warum?

- Wie möchten Sie auf gar keinen Fall sein? Und warum?

- Von wem werden Sie abgelehnt oder gemieden? Und – was glauben Sie – warum?

- Mit wem möchten Sie lieber nicht arbeiten? Und warum?

---

Oftmals werden Schwierigkeiten und Missverständnisse auch „nur" dadurch hervorgerufen, dass Worte unterschiedlich interpretiert werden. Das liegt an den individuellen Erfahrungs- und Empfindungswelten der Menschen. Was der eine als Scherz meint, kommt beim anderen als Beleidigung an. Was als vage Möglichkeit geäußert wurde, interpretiert ein anderer als konkretes Vorhaben oder gar Versprechen. Dass

Arbeitsaufträge oft nicht so ausgeführt werden wie vom Auftraggeber erwünscht, liegt meist nicht daran, dass der Auftragnehmer bewusst böswillig handelt, sonder vielmehr daran, dass er etwas anderes verstanden hat. Worte bekommen erst dann einen Sinn, wenn wir sie mit unseren Erfahrungs- und Wissenswelten verknüpfen – doch diese unterscheiden sich nun mal von denen anderer.

## Konfliktpotenziale reduzieren

Solange wir das Verhalten anderer Menschen nur aus unserer Perspektive betrachten, werden wir immer wieder enttäuscht, irritiert, verärgert sein. Wir können Unstimmigkeiten reduzieren, wenn wir die Unterschiedlichkeit von Menschen verstehen und unser eigenes Verhalten daran anpassen. Wie das im Einzelnen gelingen kann, demonstrieren Ihnen die Praxisfälle ab S. 77 exemplarisch.

> Besonderes Konfliktpotenzial besteht zwischen den sach- und beziehungsorientierten Menschen sowie zwischen den Introvertierten und den Extravertierten.

Gleichzeitig sei an der Stelle erwähnt, dass wir hier immer nur von Konflikt*potenzial* sprechen: Die Wahrscheinlichkeit für Schwierigkeiten und Missverständnisse steigt zwar, aber es muss natürlich nicht grundsätzlich zu Problemen kommen. Denn, dass sich Gegensätze ja auch anziehen und vor allem ergänzen können, ist ebenfalls kein Geheimnis. Es kommt also darauf an, was wir daraus machen!

# Druck rausnehmen, Widerstände aufbrechen

Extrem extravertierte Menschen neigen dazu, sehr schnell zu entscheiden und zu handeln, weil ihnen daran gelegen ist, voranzukommen und etwas zu bewegen. In der Zusammenarbeit mit eher Introvertierten, die alles langsamer und sorgfältiger angehen wollen, führt dies oft zu Schwierigkeiten.

## Beispiel: Delegation versus Diskussion

Iris Neubauer ist Filialleiterin eines Drogeriemarktes. Der Laden liegt zentral in einem Stadtgebiet. Um genügend Kundschaft müssen sie und ihr kleines Team nicht bangen. In Iris Neubauers üblicher Montagmorgenbesprechung mit ihren Mitarbeiterinnen herrscht heute eine angespannte Stimmung – steht doch in dieser Woche besonders viel auf dem Programm: Eröffnung der erweiterten Parfümerieabteilung, Sonderaktionen und die neue Auszubildende beginnt heute in der Filiale.

Normalerweise nimmt sich Iris Neubauer immer Zeit für ihre Mitarbeiterinnen, etwa um am Montagmorgen zu erfahren, was sie am Wochenende erlebt haben, und auch, um ihr eigenes Bedürfnis nach Kontakt und Kommunikation zu stillen. Doch heute steht sie unter Strom. Im Eiltempo geht sie die Aufgaben für die kommenden Tage durch, verweist auf Arbeitsaufträge, die sie vergangene Woche zwischen Tür und Angel ansprach: „Ihr wisst, diese Woche wird es heftig. Karin, deine Hauptaufgabe ist es, gezielt Kundinnen anzusprechen, um sie auf den neuen Bereich aufmerksam zu machen. Außerdem musst du dort noch den Sonderposten deutlicher kennzeichnen – das hatten wir doch besprochen!? Ach ja, und die Azubine – du kümmerst dich doch um sie? Ich hab' einfach keine Zeit dazu." Karin Klein verzieht fast unmerklich das Gesicht und murmelt ein „Hmm", doch ihre Chefin ist schon bei der nächsten Mitarbeiterin, ohne eine Antwort oder eine Frage von Karin Klein abzuwarten.

„Moni, es kommen diese Woche noch weitere neue Produkte. Der Lagerraum muss anders aufgeteilt werden. Ich finde sowieso, dass da endlich etwas passieren muss. Und die Produktkörbe vor dem Laden – da ist mir übers Wochenende noch was Besseres eingefallen." „Aber die hab' ich doch gerade erst aufgebaut?!", entgegnet Monika Sauer entsetzt. „Dann musst du das halt wieder ändern!", kommt knapp als Antwort.

# Die Persönlichkeiten und ihre Motive

## Aus Sicht der treibenden Chefin

Iris Neubauer ist einen stressigen Job gewöhnt und kann viel aushalten, schließlich sind ihr gute Ergebnisse und ihre Karriere wichtig. Als sie die Filiale vor einem Jahr übernommen hat, lag so manches im Argen. Inzwischen sind die Zahlen aber mehr als zufriedenstellend. Für Iris Neubauer sind Spaß und Teamwork durchaus wichtig, aber sie kann ihren Mitarbeiterinnen auch ordentlich Dampf machen.

Negatives deutlich anzusprechen, gehört in diesem Zusammenhang ebenfalls zur Tagesordnung. Wenn die anderen so gar nicht ihre Vorgehensweisen oder Entscheidungen verstehen wollen, wird sie manchmal auch hektisch und laut. Dann geht ihre Ungeduld mit ihr durch und ihr mangelndes Verständnis für andere, die nicht so ticken wie sie, wird deutlich. Dass Iris Neubauer dadurch ihre Mitarbeiterinnen ordentlich vor den Kopf stößt und deren Widerstand hervorruft, ist ihr bislang nicht bewusst. Solange die Kolleginnen schweigen, ist doch alles in Ordnung – meint sie. Wegen der fehlenden Ruhe und Empathie ist auch die Auszubildenden-Betreuung so gar nicht Iris Neubauers Ding. Sie braucht billige und fleißige Arbeitskräfte für ihren Laden. Aber für lange Erklärungen hat sie keine Zeit – die Dinge müssen ja vorangehen. Auf ihre Kreativität und ihre spontanen Einfälle ist Iris Neubauer sehr stolz, kann sie dadurch doch so manchen Kunden zusätzlich anlocken. Iris Neubauer kann als extravertierte Person bezeichnet werden, die sowohl sach- als auch menschenbezogen agieren kann. In stressigen Phasen liegt jedoch der Fokus klar auf der Zielerreichung, also der Sachebene.

## Aus Sicht der menschorientierten Mitarbeiterin

Die eher introvertierte und beziehungsorientierte Karin Klein ist schon länger in der Filiale als ihre Chefin. Sie liebt die Arbeit mit Menschen, ist selbst ein Familienmensch. Sie braucht ein harmonisches Arbeitsumfeld und geht verständnisvoll auf die Bedürfnisse der Kunden ein. Auf die Betreuung der Auszubildenden freut sie sich schon sehr, aber ihr ist unklar, welche Aufgaben sie ihr konkret übertragen und wie sie gleichzeitig noch all ihre eigenen Aufgaben erfüllen soll.

„Die Chefin macht's sich wieder einfach", denkt sie. Und die Abfuhr mit dem Sonderposten hat sie sehr verletzt. Sie hat das Gefühl, nie etwas richtig zu machen und vermisst es, mal gelobt zu werden. „Soll sie's doch selbst machen", geht ihr durch den Kopf. „Das ist ja nun nicht das erste Mal, dass ihr was nicht gefällt. Wenn sie konkreter sagen würde, wie sie die Dinge haben möchte, würde es vielleicht auch nachher passen. Aber eigentlich wird man alleine gelassen und dann bekommt man einen Rüffel. Und nachfragen, ist ja auch nicht erwünscht." Karin Klein beschließt, sich erst einmal Zeit für die Azubine zu nehmen, der Sonderposten kann warten.

## Aus Sicht der lösungsorientierten Mitarbeiterin

Die eher introvertierte und sachorientierte Monika Sauer arbeitet mehr im Hintergrund, kümmert sich ums korrekte Auspreisen, die Logistik, die Produktbestellungen. Sie hasst es, immer wieder schnelle Änderungen vornehmen zu müssen, die noch dazu keinen Sinn für sie ergeben. Iris Neubauer empfindet sie diesbezüglich als planlos und unzuverlässig. Monika Sauer braucht klare Strukturen und einen sicheren Rahmen. Ihrer Chefin vertraut sie nicht so richtig, da das, was gestern gesagt wurde, heute oft schon hinfällig ist – so wie jetzt. Monika Sauer beschließt also, sich ins Lager zurückzuziehen, um dort in Ruhe über eine neue Einteilung nachzudenken. Die Produktkörbe können ihrer Meinung nach warten, die stehen erst einmal gut. Die neue Idee ist in ihren Augen nicht besser als die alte.

## Worin liegt das Konfliktpotenzial?

Mit Iris Neubauer und ihren Mitarbeiterinnen treffen Extraversion und Introversion aufeinander:

- Frau Neubauer ist extrem aktiv ist und initiiert ständig Veränderungen. Die Damen Klein und Sauer hingegen sind Neuem gegenüber eher vorsichtig und skeptisch. Sie fühlen sich ohne klare Informationen unsicher. Unter Zeitdruck und ständig wechselnden Rahmenbedingungen zu arbeiten, ist für die beiden zurückhaltenden Frauen eine echte Überforderung.

- Umgekehrt ist es für Iris Neubauer schwer zu akzeptieren, ihre eh schon knapp bemessene Zeit mit langen Erklärungen und Rücksichtnahmen vergeuden zu müssen. Außerdem scheut sie kein Risiko und empfindet ihre Mitarbeiterinnen manchmal als ideenlos und blockierend.

- Der unter Stress genervte Ton und die überlaute Stimme der Chefin sind für die Mitarbeiterinnen das i-Tüpfelchen, das ihren Rückzug endgültig in die Wege leitet.

Dauerhafter Zeitdruck, ständig wechselnde Bedingungen und Anforderungen sowie lautes und hektisches Interagieren fördern bei Introvertierten den Rückzug. Dieser geht nicht selten in Widerstand über, der sich in vielen Formen ausdrücken kann (siehe Übersicht auf S. 82).

# So könnte es besser funktionieren

Da Iris Neubauer als extravertierter Mensch sowohl sach- als auch personenbezogene Persönlichkeitsanteile in sich trägt, gibt es Schnittmengen mit beiden Mitarbeiterinnen, die sie gezielt nutzen kann.

## Zeit nehmen, informieren, unterstützen

Iris Neubauer sollte sich künftig, auch (oder gerade) wenn viel zu tun ist, mehr Zeit für die Arbeitsbesprechungen nehmen. Klare Ansagen sind in Ordnung, allerdings braucht es bisweilen genauere Informationen, wenn es um das Wie geht. Hier sollte Iris Neubauer also die Möglichkeit zum Nachfragen geben oder Unterstützung anbieten.

| Übersicht: Die Gesichter von Widerstand |
|---|
| **Aufgaben** |

- bleiben liegen
- werden „vergessen"
- werden nur halbherzig / mit geringer Qualität erledigt

| **Der Mitarbeiter** |
|---|

- schiebt anderes vor / gibt anderen die Schuld für Ereignisse oder Nichterledigen / ist erfinderisch mit Ausreden
- zögert Entscheidungsprozesse hinaus
- zieht sich zurück, kommuniziert / informiert nicht mehr / macht „Dienst nach Vorschrift"
- wird (oder macht) krank
- ist unkonzentriert, macht Fehler
- setzt ggf. Gerüchte in die Welt, fördert Intrigen

| **Frust / Wut wird** |
|---|

- in anderem Verhalten ausagiert (es wird kein Kaffee mehr gekocht, die Mittagspause verlängert, Privates bevorzugt erledigt)
- in sich hineingefressen, bis es zur Explosion kommt
- in zynisches, stures, sarkastisches Verhalten oder
- in Jammern und Wehklagen umgewandelt (Vogel-Strauß-Taktik)

## Kritisieren ohne abzuwerten

Seitenhiebe, indirekte Anschuldigungen oder abwertende körpersprachliche Signale werden von anderen wahrgenommen. Iris Neubauer meint manches nicht so, wie es bei anderen ankommt. Sie sollte an ihrer Wortwahl und ihrem Ton arbeiten. Gerade kritische Anmerkungen kommen oft als Schelte an und werden von sensiblen Menschen persönlich genommen, obwohl eigentlich nur das Arbeitsergebnis kritisiert wurde. Hier besteht die Gefahr, dass Mitarbeiter auf Distanz gehen und nur noch Dienst nach Vorschrift machen.

### Beispiel (Fortsetzung): Wertschätzend kritisieren

 Iris Neubauer könnte zu Karin Klein sagen: „Karin, den Sonderposten hast du ja schon aufgebaut. Prima! Mir ist aufgefallen, dass das Schild noch nicht auffällig genug platziert ist. Schau bitte mal, ob du eine bessere Lösung findest. Vielleicht kann dir auch die Azubine dabei helfen. Was meinst du? (Pause, Blickkontakt, Reaktion abwarten). Dann sieht sie gleich, wie umfangreich unsere Aufgaben sind. Binde sie doch bitte in den kommenden Tagen besonders ein – ich komme nicht dazu. Außerdem machst du das viel geduldiger als ich."

Das Wie ist bei negativer Kritik entscheidend. Der kritische Aspekt soll durchaus konkret benannt werden, aber die Beziehungsebene sollte dabei nicht in Mitleidenschaft gezogen werden, was bei menschenorientierten Persönlichkeiten besonders wichtig ist. Karin Klein erhält außerdem Hinweise, wie sie die Azubine einbinden kann, und schließlich ein Lob für ihre Geduld im Umgang mit Menschen – eine Stärke, die sie nun wieder unter Beweis stellen darf.

## Andere durch Fragen einbinden

Monika Sauer empfindet es als höchst frustrierend, wenn Entscheidungen oder gar ausgeführte Arbeiten wieder rückgängig gemacht werden (sollen). Ihre Chefin könnte ihr durchaus mehr Kompetenz zutrauen. Als lediglich ausführendes Organ fühlt sie sich minderwertig. Sie möchte ihr Wissen und ihre Erfahrungen in die Entscheidungsprozesse einfließen lassen.

### Beispiel (Fortsetzung): Erfahrungswissen nutzen

 „Moni, du weißt, dass wir diese Woche noch weitere Produkte bekommen. Dafür müssen wir unseren Lagerraum umgestalten. Vielleicht ist das der richtige Zeitpunkt, um generell zu überlegen, wie wir ihn besser nutzen können. Wie siehst du das? ... Kannst du dir bis Mittwochmorgen bitte Gedanken darüber machen? Dann setzen wir uns zusammen. Wenn vernünftige Lösungen gefragt sind, bist du doch unsere Fachfrau. Schaffst du das bis dahin? ... Und nun zu den Warenkörben: Du hast ja schon viele saisonale Werbeaktionen durchgeführt. Wie sind deine Erfahrungen? ... Sprechen wir unsere Kunden so an? Welche Vorschläge hast du? ... Ich hab' da vielleicht noch eine gute Idee. Aber wir können ja ein paar Tage abwarten, wie sie ankommen, und dann gegebenenfalls eingreifen."

Durch offene Fragen kann Iris Neubauer die Erfahrungen und Meinungen ihrer Mitarbeiterinnen einholen und ein von allen Seiten getragenes Ergebnis erzielen. Denn wer selbst Vorschläge einbringt, hat einen höhere Bereitschaft, Verantwortung für die Umsetzung zu übernehmen. Wird man ständig vor vollendete Tatsachen gestellt, regt sich oft Widerstand. Es gilt, keinen allzu großen Zeitdruck aufzubauen, denn Monika

Sauer braucht Zeit, um perfekte Ergebnisse zu erarbeiten. Eventuell sollte Iris Neubauer entscheiden, was Priorität hat, damit ihre Kollegin nicht meint, alles gleichzeitig erledigen zu müssen – das würde sie enorm stressen.

### Checkliste: Widerstand bei Introvertierten vermeiden

- Nehmen Sie sich Zeit für Erläuterungen und Fragen.
- Beseitigen Sie Unsicherheit durch Informationen.
- Bieten Sie Unterstützung an für die Arbeitsdurchführung.
- Sprechen Sie Anerkennung für kleine Arbeitserfolge aus.
- Zeigen Sie Wertschätzung für die Person bzw. Leistung.
- Bringen Sie Ruhe in eine Sache und nehmen Sie den Druck von dem Mitarbeiter. Sprechen Sie langsamer, ruhiger und lassen Sie mehr Zeit für die Aufgabenbewältigung.
- Fragen Sie den Mitarbeiter nach seiner Meinung, seinen Erfahrungen und Bedenken.
- Beweisen Sie Verlässlichkeit und Beständigkeit, indem Sie halten, was Sie versprechen, und nicht unentwegt etwas Neues anstoßen.

# Veränderungen vorbereiten, Sicherheit bieten

Nicht jeder betrachtet Veränderung als etwas Positives. Um sicherheitsorientierte Persönlichkeiten an Neues heranzuführen, braucht es bestimmte Vorgehensweisen.

## Beispiel: Wettbewerbsfähigkeit versus Stabilität

 Bernhard König ist Abteilungsleiter in der Chemiebranche. Er hat 12 Mitarbeiter, darunter eine Assistentin, die schon viele Jahre im Unternehmen ist. Sie heißt Sieglinde Ehrlich und ist eine ältere Dame, die routiniert ihre Aufgaben erfüllt. Sie weiß, dass ihr Chef einen hohen Leistungsanspruch hat, dem sie stets versucht, gerecht zu werden. Dies ist jedoch kaum zu schaffen – und manchmal denkt sie auch „Mach's doch selbst, wenn Du immer alles besser weißt und kannst." Es ist Mittwochabend. König ist extrem verärgert und schimpft laut „Was ist denn das wieder? Hören die mir überhaupt zu? ... Dann kann ich auch gleich alles selbst machen!"

Was war passiert? Bernhard König hatte Frau Ehrlich am Vormittag die Aktualisierung einer Datenliste für eine wichtige Bereichsbesprechung am Donnerstagmorgen in Auftrag gegeben. Als er die Liste bekommt, stellt er fest, dass Frau Ehrlich noch immer mit der alten Software arbeitet, anstatt die neue, seit kurzem installierte Verwaltungssoftware zu nutzen. Dies ärgert Bernhard König umso mehr, als dass die Kosten dafür nicht unerheblich waren.

Was seinen Mitarbeiter, Heiner Peters, angeht, so hatte Bernhard König ihm per E-Mail mitgeteilt, dass er ihn auf seiner Reise ab Donnerstagnachmittag begleiten und einen Teil der Verhandlungen mit dem Kunden führen müsse. Für dieses Gespräch sollte Peters Unterlagen aufbereiten und ihm bis heute Abend auf den Tisch legen. Bernhard König ist absolut unzufrieden mit dem, was er nun vorfindet: Die Liste von Frau Ehrlich ist nicht nach neuesten Maßstäben erstellt und das Papier von Heiner Peters ist viel zu umfangreich. Gleichzeitig sind die Besonderheiten und Vorteile des Produkts seines Erachtens nicht genug hervorgehoben. Bernhard König denkt „Wenn der so die Verhandlungen führt, dann braucht er erst gar nicht mitfahren."

# Die Persönlichkeiten und ihre Motive

## Aus Sicht des zielorientierten Managers

Bernhard König will seine Ziele erreichen und setzt sich dafür jederzeit mit voller Energie ein. Von anderen erwartet er dasselbe, so dass es für ihn nicht nachvollziehbar ist, dass andere nicht genauso schnell und ergebnisorientiert handeln wie er. Außerdem ist es für ihn normal, dass Veränderungen im wirtschaftlichen Wettbewerb zum Überleben dazu gehören. In diesem Zusammenhang zu akzeptieren, dass manche Kollegen da nicht ohne Zögern mitziehen, fällt ihm enorm schwer.

Bernhard König repräsentiert den sachbezogenen, extravertierten Menschen, der wenig Sinn für Small Talk, lange Abstimmungsdebatten oder ein intensives persönliches Miteinander hat. Emotionen haben für ihn am Arbeitsplatz nichts verloren.

## Aus Sicht der hilfsbereiten Teamassistentin

Sieglinde Ehrlich war wie immer bemüht, die Statistik korrekt zu aktualisieren, doch mit der neuen Software war ihr das schier unmöglich. Sie hat sich bislang erfolgreich davor drücken können, diese einzusetzen – und sieht auch keinerlei

Vorteil darin. Sie ist aber fast noch mehr darüber verärgert, dass ihr Chef sie nicht informiert und eingebunden hat. Eine Einführung in die Software hat bis heute nicht stattgefunden. Und selbst auszuprobieren, was diese leistet, ist nicht ihr Ding. Sie fühlt sich im Stich gelassen. Für sie als introvertierter Beziehungsmensch wäre es wichtig gewesen, dass ihr Chef sich ein wenig Zeit genommen hätte.

## Aus Sicht des peniblen Wissenschaftlers

Heiner Peters hat dem Auftrag seines Vorgesetzten volle Konzentration geschenkt und sein Bestes gegeben, um alle Informationen in dem Papier unterzubringen. Allerdings war ihm die Zeit dafür viel zu knapp. Er hasst es, plötzlich einem anderen Projekt den Vorrang geben zu müssen und unter Zeitdruck hohe Qualität abliefern zu müssen. Was ihm als Introvertierten bei diesem Auftrag vor allem im Magen liegt, ist die Information, dass er einen Teil der Verhandlungen übernehmen soll – wo er doch gar nicht weiß, was von ihm erwartet wird, und wo er noch nie in einer solchen Runde dabei war. Peters möchte keine Fehler machen und auf alles gut vorbereitet sein.

Reichlich unpassend findet er die Art und Weise, wie ihm sein Chef dies alles mitteilt. Er kann grundsätzlich gut mit einem unpersönlichen E-Mail-Austausch umgehen, aber dieser knappe Arbeitsauftrag ohne Hintergrundinformation gefällt ihm aufgrund seines Bedürfnisses nach Fakten und Details überhaupt nicht. Sein Chef hätte doch auch persönlich mit ihm sprechen können; dann hätte er nachfragen können, wie es zu dem zeitnahen Termin kam, welche Infor-

mationen er aufbereiten solle, auf wen man dort treffen wird
usw.

## Worin liegt das Konfliktpotenzial?

Bernhard König setzt seine Verhaltens- und Einstellungsmaß-
stäbe auch bei anderen Menschen an:

- Er bedenkt nicht, dass andere Persönlichkeiten von völlig
  anderen Motiven getrieben werden könnten. So sieht er
  beispielsweise nicht, dass für sehr sicherheitsbewusste, also introvertierte Menschen der Schritt ins Ungewisse
  Ängste mit sich bringt, während er selbst Neues in der Regel als spannende Herausforderung betrachtet.

- Sieglinde Ehrlich braucht als introvertierter Beziehungsmensch den persönlichen Kontakt und eine vertrauensvolle Atmosphäre, um Höchstleistungen zu erbringen. Mit
  Bernhard König hat sie jedoch einen Vorgesetzten, der den
  Fokus auf die Zielerreichung und dem Funktionieren der
  Prozesse legt. Ob sich seine Mitarbeiter dabei wohl fühlen
  oder nicht, ist für ihn nicht entscheidend.

- Heiner Peters, dem introvertierten Kopfmenschen, gegenüber kann König sachlicher verfahren, allerdings braucht
  dieser möglichst viele Informationen für die Aufgabe. Dieser mag er sich nur nach intensiver Vorbereitung und klarer Abstimmung widmen. Bernhard König kann nicht davon ausgehen, dass sich sein Mitarbeiter spontan auf die
  Gegebenheiten einstellt.

Veränderungen sind bei Extravertierten willkommen, rufen bei Introvertierten aber Unbehagen hervor. Eigeninitiative und Neugier können kaum vorausgesetzt werden. Vielmehr braucht es eine Auseinandersetzung mit den Vorbehalten und Ängsten. Dies kostet Zeit und Mühe, was den extravertierten, sachorientierten Menschen extrem fordert.

# So könnte es besser funktionieren

## Veränderungen vorbereiten und begleiten

Sieglinde Ehrlich ist ein Mensch, der Stabilität schätzt und nicht gleich auf alles Neue aufspringt. Vor allem große Veränderungen, bei denen sie sich an andere Vorgehensweisen oder Menschen gewöhnen muss, machen ihr Angst. Ihr Chef hätte sie behutsam auf die neue Software vorbereiten müssen, indem er sie im Vorfeld über die Notwendigkeit informiert und gemeinsam mit ihr Maßnahmen zur Einarbeitung festgelegt hätte.

## Persönliche Beziehung stärken

Bernhard König sollte seine Mitarbeiterin eng führen, wenn es um neue oder schwierige Aufgaben geht. Er darf sie nicht einfach alleine lassen und davon ausgehen, dass sie auf ihn zukommt, um sich Hilfe zu holen, wenn sie nicht weiter weiß. König sollte ihr stattdessen konkrete Unterstützung anbieten. Sieglinde Ehrlich ist es nämlich wichtig, als Mensch gesehen zu werden. Ihr tut es gut, regelmäßig ein kleines Lob von ihm zu erhalten und zu spüren, dass er ihre Arbeit und ihre Loyalität schätzt. Um sich ihrer künftigen Motivation und Treue sicher zu sein, muss er die persönliche Beziehung stärken, so schwer ihm das als ziel- und sachorientiertem Menschen auch fallen mag.

## Checkliste: Die Beziehung mit menschenorientierten Personen stärken

- Halten Sie persönlichen Kontakt, indem Sie ab und zu nach dem Befinden und Erlebnissen des anderen fragen.

- Erkundigen Sie sich nach der Familie, den Kindern.

- Zeigen Sie selbst Offenheit und lassen Sie den anderen etwas von sich erfahren.

- Übertragen Sie Aufträge persönlich, nicht nur schriftlich.

- Hören Sie aufmerksam und interessiert zu. Schaffen Sie eine vertrauensvolle und wertschätzende Atmosphäre.

- Zeigen Sie dem anderen, dass Sie sich Informationen über ihn gemerkt haben, wie Vorlieben, Hobbys, geplante Aktivitäten: „Sie wollten doch letzte Woche in dieses neue Kaufhaus ... Haben Sie sich etwas Tolles gegönnt?"

- Spiegeln Sie Stimmungen oder Mimik, wie z.B. „Sie strahlen ja richtig! Was ist passiert?", oder: „Sie machen heute aber einen niedergeschlagenen Eindruck."

- Geben Sie dem anderen Gelegenheit, über seine Gefühle zu sprechen: „Na, setzen Sie sich erst einmal. Wollen Sie mir erzählen, was vorgefallen ist?"

## Fachexpertise anerkennen und nutzen

Heiner Peters ist ein sehr fleißiger und intelligenter Mitarbeiter, mit dem Bernhard König grundsätzlich sehr zufrieden ist. Er schätzt ihn wegen seines Fachwissens, aufgrund dessen er ihn auch bei der Verhandlung dabei haben will. Keiner kennt sich auf diesem Gebiet so gut aus wie sein Mitarbeiter Peters. Vermutlich hätte Bernhard König genau dies als Begründung liefern sollen, dass er bei der Verhandlung dabei sein soll. Heiner Peters will als introvertierter Denker nun mal Anerkennung für sein Expertenwissen.

## Rahmen setzen, Sicherheit schaffen

König hätte die genaue Vorgehensweise persönlich mit seinem Mitarbeiter besprechen und ihm mitteilen sollen,

- was er beim Kunden erreichen möchte,
- auf welche Ansprechpartner sie dort treffen werden und
- wo seines Erachtens Schwierigkeiten auftreten könnten.

Er sollte außerdem fragen, wie Heiner Peters die Sache einschätzt und welche Risiken sie noch bedenken sollten. Peters hat ein Gespür für Gefahren und kann wichtige Inputs liefern.

In Bezug auf die von Heiner Peters erarbeiteten Unterlagen sollte König aufzeigen, was er in Zukunft von ihm erwartet. Da das Dokument in seinen Augen viel zu umfangreich und kompliziert war, sollte er ihm Hinweise auf die nötige Kürze, Prägnanz und Verständlichkeit geben. Heiner Peters wüsste dadurch künftig, was von ihm erwartet wird, und würde sich sicherer fühlen.

# Eigene Ideen verkaufen, andere überzeugen

Manche Menschen müssen emotional berührt werden, um sich einer Idee anzuschließen, andere wiederum brauchen Fakten und gute Argumente.

## Beispiel: Enthusiasmus versus Fakten

Michael Sonntag, Top-Verkäufer in einem mittelständischen Unternehmen, das Schreibgeräte entwickelt und vertreibt, wurde von seinem Vorgesetzten aufgefordert, den Geschäftsführern seine neue Produktidee in einer kurzen Präsentation vorzustellen. Am Morgen des Präsentationstages entwirft Sonntag in aller Eile vier PowerPoint-Seiten, anhand derer er der Geschäftsführung seine Idee schmackhaft machen möchte. Er ist davon überzeugt, mit seiner Vision den Markt zu revolutionieren, und geht davon aus, dass andere dies auch so sehen. Marktforschungsdaten, erwartete Umsatzzahlen, Investitionskosten und Ähnliches sind für Sonntag daher verzichtbar.

Sonntag kommt zu dem für 14:00 Uhr angesetzten Termin etwas gehetzt, aber gerade noch rechtzeitig. Er hatte sich in der Mittagspause noch von einem Kollegen aufhalten lassen. Als er das Besprechungszimmer der Geschäftsführer betritt, strahlt er über das ganze Gesicht und fängt nach einem kurzen Gruß mit lebhafter Gestik an, von seiner Produktidee zu schwärmen. Dabei springt Sonntag von einem Thema zum anderen, betont in einem Satz seine bisherigen Verkaufserfolge, skizziert im nächsten schillernde Zukunftsszenarien; erzählt von unzufriedenen Kunden und schwärmt von Wachstum und steigendem Image des Unternehmens.

Nach einigen Minuten unterbricht Werner Klar, Geschäftsführer für Marketing, Vertrieb und Personal, den Vertriebsprofi etwas barsch mit Blick auf die Uhr: „Herr Sonntag, ich habe noch nicht verstanden, was der besondere Nutzen oder das wirklich Außergewöhnliche an Ihrem Gerät ist. Außerdem muss ich gleich

weiter zum nächsten Termin. Kommen Sie also auf den Punkt."
Und Dr. Manfred Schwarz, Geschäftsführer der Bereiche Entwicklung, Produktion und Controlling, stellt dem nun etwas
enttäuscht wirkenden Michael Sonntag kritische Fragen: „Sind
Sie denn sicher, dass diese Technik funktioniert? So etwas haben
wir noch nicht hergestellt. Welche Materialien sollen denn dafür
verwendet werden? Das könnte ganz schön teuer werden ..."

# Die Persönlichkeiten und ihre Motive

## Aus Sicht des quirligen Verkäufers

Michael Sonntag verkörpert den extravertierten Gefühlsmenschen. Er sprüht vor Begeisterung und stellt den Geschäftsführern seinen Vorschlag mit großen Emotionen vor. Er ist
davon überzeugt, dass seine Idee den Durchbruch bringt,
denn er empfindet das Unternehmen als träge und konserva-
tiv. In Sonntags Augen wird es daher endlich Zeit, dass sich
in Sachen Produkterweiterung etwas tut, und heute ist der
ideale Tag, um die Weichen zu stellen.

## Aus Sicht des nutzenorientierten Entscheiders

Werner Klar ist bereits nach wenigen Minuten Präsentation
ziemlich genervt, da er den besonderen Nutzen der Produktidee nicht herausfiltern konnte. Er ist als extravertierte Persönlichkeit grundsätzlich offen für Neues, aber zu einer positiven Entscheidung fehlen ihm hier klare, überzeugende Argumente. Werner Klar schätzt aufgrund seiner starken Sachorientierung kurze, prägnante und gut strukturierte Präsenta-
tionen, die ihm schnell aufzeigen, welchen Vorteil das Unternehmen von dem Vorschlag hat. Was er heute zu hören be-

kommt, sind eher nette Visionen gespickt mit einer gehörigen Portion Optimismus und Eigenlob.

## Aus Sicht des konservativen Zahlenmenschen

Dr. Manfred Schwarz, der introvertierte der beiden Geschäftsführer, ist grundsätzlich skeptisch und vorsichtig, wenn es um Neues geht. Er braucht ausreichend Zahlen, Daten, Fakten und Zeit, um zu einer Entscheidung zu gelangen. Die Präsentation von Michael Sonntag empfindet er als wenig durchdacht und völlig unstrukturiert. Wichtige Daten sind seines Erachtens nicht eruiert worden. Die Folien sind in seinen Augen nur „schöne Bildchen", die ihm keine Entscheidungsgrundlage bieten. Die Präsentation bestärkt den sachorientierten Geschäftsführer in seiner Einstellung, dass der Vertrieb zwar gute Anregungen für Neuentwicklungen liefern kann, tiefgehende Analysen und ordentliche Ausarbeitungen aber nicht dessen Stärken sind. Die Idee von Michael Sonntag wird er möglicherweise aufgreifen, aber dabei sehr genau prüfen, ob das Produkt technisch umsetzbar und kostenmäßig tragbar ist.

## Worin liegt das Konfliktpotenzial?

Die kreativ-visionäre Art von Michael Sonntag stößt bei den sachorientierten, rational agierenden Geschäftsführern auf Widerspruch:

- Sie wollen Fakten, um Entscheidungen zu treffen, und nicht eine vage Idee. Sie brauchen Struktur, um zu verste-

hen, und einen Plan oder eine Strategie, um weiterzu-
kommen.

- Der innovative Bauchmensch dagegen lässt sich überwiegend von seiner Intuition und seinen Gefühlen leiten und
verliert dabei schon mal das Ziel aus den Augen. Er möchte sich am liebsten nie festlegen.

- Für die beiden Denker kommt Sonntag in dieser Präsentation als oberflächlicher, unzuverlässiger Dampfplauderer
daher, der viele Vorhaben – und übrigens auch sich selbst
– unrealistisch einschätzt.

> Starke Emotionalität, gepaart mit eher unrealistischen Vorstellungen und
> wenig Fakten sind ein „No go" für sachorientierte Menschen.

# So könnte es besser funktionieren

## Fakten und Vorteile herausstellen

Enthusiasmus und Spontaneität sind also nur bedingt ziel-
führend. Sachorientierte Persönlichkeiten lassen sich in erster
Linie von Fakten und guten Argumenten überzeugen. Sie
brauchen Informationen, um einen neuen Vorschlag bewerten zu können. Entscheidungen werden erst nach Sichtung
des Datenmaterials und nach Abwägen der Vorteile und
Risiken getroffen – darauf sollte Michael Sonntag in Zukunft
achten.

## Zielgruppenorientiert vorgehen

Schon bei der Vorbereitung der Präsentation muss sich Michael Sonntag Gedanken darüber machen, mit welchen Menschen er es zu tun hat, welche Funktion sie wahrnehmen und welche Ziele sie verfolgen. Die Folien sollten dann alle für seine Zuhörer relevanten Informationen erhalten. Wenn Michael Sonntag die beiden rational agierenden Geschäftsführer überzeugen will, muss er nicht nur Zahlen, Fakten und Nutzen herausstellen, sondern auch vernünftig argumentieren und strukturiert vorgehen. Sein selbstsicheres Auftreten und seine Begeisterungsfähigkeit werden Sonntag durchaus Pluspunkte verschaffen – solange er hierbei nicht überzieht. Zu viel Emotionalität wäre kontraproduktiv.

### Checkliste: Umgang mit Sachorientierten

- Liefern Sie möglichst viele Informationen, Zahlen, Fakten.

- Berichten Sie strukturiert und schlüssig.

- Beziehen Sie sich auf objektive Tatsachen und berichten Sie weniger von Ihren subjektiven Erlebnissen und Empfindungen.

- Fassen Sie sich kurz. Kommen Sie gleich auf den Punkt. Sparen Sie sich lange Vorreden oder Small Talk.

- Respektieren Sie deren Distanziertheit. Nehmen Sie eine empfundene Kälte oder Härte nicht persönlich.

- Meiden Sie persönliche Nachfragen. Bleiben Sie sachlich.

# Erwartungen klar formulieren, sich Respekt verschaffen

Sehr selbstbewusste Persönlichkeiten überschreiten gerne mal Grenzen und bereiten anderen damit Schwierigkeiten. Ihnen gegenüber gilt es, Klartext zu reden, um auf Augenhöhe zu kommen.

## Beispiel: Langjährige Erfahrung versus schneller Aufstieg

 Friedbert Hausmann ist Techniker in einem Unternehmen, das technische Produkte für die Industrie herstellt. Vor einem Monat hat er seine 25-jährige Betriebszugehörigkeit gefeiert. Das Unternehmen ist seine zweite Heimat geworden, in der Hausmann sich auskennt und wohl fühlt. Aufgrund seines hervorragenden Fachwissens, seiner langjährigen Erfahrung und Loyalität hat man ihn vor vier Monaten im Zuge einer Umstrukturierung zum Gruppenleiter einer sechsköpfigen Mannschaft gemacht. Fünf Mitarbeiter sind seine ehemaligen Kollegen, ein Mitarbeiter kam vor ca. einem Jahr neu ins Unternehmen und wurde ihm im Rahmen der Umstrukturierung zugeteilt.

Friedbert Hausmann hat seit seiner Ernennung zum Vorgesetzten nichts Wesentliches verändert. Er arbeitet weiterhin in erster Linie an seinen Fachaufgaben und erledigt die Formalitäten, die zu seiner Führungsrolle gehören. Mit seinen alten Kollegen kommt Hausmann nach wie vor bestens aus. Nur der Neue, Martin Reitberger, der um einige Jahre jüngere und studierte Kollege, bereitet Hausmann Magenschmerzen. Er ist ein Einzelkämpfer, sehr engagiert, aber auch immer wieder auf Konfrontation aus. Seine Alleingänge und seine herausfordernde, manchmal überhebliche Haltung ihm gegenüber kann Hausmann nicht länger dulden. Auch die Kollegen beschweren sich schon über Reitbergers mangelnde Teamfähigkeit. Es ist an der Zeit, mit dem Neuen zu reden.

# Die Persönlichkeiten und ihre Motive

## Aus Sicht des loyalen Experten

Friedbert Hausmann hält es ohne Probleme lange an einem Ort aus, an dem die Rahmenbedingungen und die zwischenmenschliche Atmosphäre stimmen. Seine Aufgaben erledigt er immer gewissenhaft, seine Vorgesetzten waren bislang stets zufrieden. Für die Kollegen ist er ein ruhender Pol, zu dem sie immer mit ihren Fragen und ihrem Kummer kommen können. Sein Verhaltensstil ist introvertiert und sowohl von Sach- als auch von Menschenorientierung geprägt.

Als man Hausmann die Führungsposition antrug, konnte er kaum ablehnen, hätte sich selbst aber aufgrund seiner Zurückhaltung nie auf die Stelle beworben. Er fühlt sich in dieser Vorgesetztenrolle nicht sonderlich wohl. Er ist niemand, der anderen sagt, wo es langgeht oder der der Geschäftsführung die großen Strategien vorschlägt. Friedbert Hausmann ist eher der Routinier und Umsetzer, der in Ruhe seine Arbeit erledigen möchte. Dass er als Führungskraft anders agieren müsste, weiß er, doch er kann sich nur schwer von seinen Gewohnheiten lösen. Bezüglich mancher Vorgehensweisen, wie z.B. einem Mitarbeitergespräch, ist er unsicher. Er hat so etwas noch nicht gemacht und bräuchte einen Leitfaden oder zumindest einige Informationen über die Struktur eines solchen Gesprächs.

Martin Reitberger stellt ihn vor eine besondere Herausforderung, da dieser alles sofort entschieden haben will und ihn spüren lässt, dass er überzeugt davon ist, selbst die bessere

Führungskraft zu sein. Friedbert Hausmann muss, obwohl er sich bei dem Gedanken absolut unwohl fühlt, das Gespräch mit Reitberger suchen, um ihm Grenzen zu setzen und ein angenehmeres Arbeitsklima im Team herzustellen.

## Aus Sicht des ehrgeizigen Neulings

Der extravertierte und sachbezogene Martin Reitberger arbeitet hart und hatte sich, als die Umstrukturierung bekannt wurde, Hoffnungen auf den Teamleiterposten gemacht. Schließlich verfügt er über einige Jahre Berufserfahrung und hat das Zeug zur Führungskraft. Als seine Bewerbung abgelehnt wurde, war er sehr wütend. Friedbert Hausmann ist für ihn zwar ein guter Fachmann, aber sicher keine Führungskraft. Manche seiner Vorgehensweisen hält er für umständlich, Entscheidungen dauern ihm zu lange und Hausmanns kritische Haltung bremst aus seiner Sicht Neuerungen. Diesen Chef noch lange vor der Nase zu haben, ist für Martin Reitberger eine ziemlich unerträgliche Vorstellung.

## Worin liegt das Konfliktpotenzial?

Mit dem loyalen Fachmann und dem ehrgeizigen Karrieretyp treffen in vielen Aspekten Gegensätze aufeinander:

- Hausmann agiert vorsichtig und nur dann, wenn er sich sicher ist, das Richtige zu tun; Reitberger braucht schnelle Entscheidungen und nimmt Risiken in Kauf.

- Eine herausragende Position mit vielen Freiheitsgraden und vernünftiger Entlohnung sind für Reitberger selbstverständlich. Hausmann legt dagegen Wert auf ein gutes Arbeitsklima, Vertrauen und langfristige Sicherheit. Er muss nicht der große Steuermann sein, sondern möchte einfach nur ordentliche Ergebnisse abliefern.

- Der junge Kollege aber will Vollgas geben und auf dem Siegerpodest stehen – und am besten auf die anderen herabschauen. Hausmann empfindet das als wenig wertschätzend. Für ihn tragen alle zum Gelingen bei, das Team ist ein wichtiger Erfolgsfaktor. Umso schwieriger ist es für ihn, dass Reitberger sich so ablehnend bzgl. einer harmonischen Zusammenarbeit zeigt.

Aus Sicht des extravertierten Machers haben Introvertierte weder die Power noch das Standing, Dinge voranzutreiben und durchzusetzen. Entscheidungsprozesse dauern zu lange, wichtige Neuerungen werden nicht eingeführt. Persönlichen Erfolg zu haben, ist dem sachorientierten Karrieretyp wichtiger als eine gute Stimmung im Team.

## So könnte es besser funktionieren

### Sich bewusst machen, was wie erreicht werden soll

Friedbert Hausmann besorgt sich Informationen über ein professionelles Mitarbeitergespräch von der Personalabteilung. Er möchte auf das Gespräch mit Martin Reitberger gut vorbereitet sein und keine Fehler machen. Vorher überlegt er sich genau, was er erreichen will, welche Inhalte er ansprechen muss und welche Beispiele oder Argumente er zur Untermauerung seiner Aussagen nennen kann. Er erarbeitet eine logische Struktur und legt Rahmenbedingungen fest. Da Martin Reitberger ein überwiegend rational agierender Mensch ist, tut Friedbert Hausmann gut daran, auf der Sachebene zu argumentieren, logische Begründungen für Entscheidungen zu liefern und Klartext zu reden.

Hausmann bittet Reitberger zum Gespräch, indem er sagt: „Herr Reitberger, wie Sie wissen, stehen in den nächsten zwei Wochen die Mitarbeitergespräche an. Ich schlage den kommenden Montag, 15:00 Uhr, für unser Gespräch vor. Ich lasse den Besprechungsraum für uns reservieren. Planen Sie bitte zwei Stunden Zeit ein, damit wir unsere bisherige und künftige Zusammenarbeit intensiv besprechen können."

## Die innere Haltung überprüfen

Hausmann überdenkt seine innere Haltung. Er weiß, dass er nicht die geborene Führungskraft ist. Dennoch hat er die Dinge in seiner neuen Rolle im Griff. Schließlich wird er von anderen als kompetenter und vertrauenswürdiger Chef geschätzt. Seinem jungen Mitarbeiter gegenüber darf er also selbstbewusst auftreten. Hausmann macht sich vor dem Gespräch seine Stärken bewusst und nimmt sich vor, seine Ziele zu erreichen.

## Möglichkeiten und Grenzen klar formulieren

Im Gespräch achtet Hausmann darauf,

- kurze, prägnante Aussagen zu treffen (ohne Umschweife, Weichmacher oder Konjunktive),
- deutlich anzusprechen, was ihn an Reitbergers Verhalten gestört hat,
- klare Erwartungen zu formulieren,

- seinem Mitarbeiter für die Zukunft Grenzen zu setzen,

- konkrete Vereinbarungen zu treffen.

Da Hausmann sich bewusst ist, dass er i. d. R. eine zurückhaltende Körpersprache zeigt, bemüht er sich ergänzend um

- direkten Blickkontakt, v. a. beim Äußern von Kritik und Erwartungen,

- eine aufrechte, zugewandte Körperhaltung, eher vorne am Tisch,

- den Inhalt unterstützende Gestik sowie

- eine feste, klare Stimme.

## Verantwortung übertragen, Ergebnisse kontrollieren, Akzeptanz erlangen

Schließlich geht es noch darum, dem ehrgeizigen jungen Kollegen eine Rolle zu übertragen, in der er gefordert ist und seine Leistungsfähigkeit unter Beweis stellen kann. Hausmann überträgt ihm also eine Projektleiterrolle, in der er Verantwortung – auch für Projektmitarbeiter – übernehmen kann und gleichzeitig über Entscheidungsfreiheit verfügt. In dieser Aufgabe kann er sich erst einmal profilieren. Es ist wichtig, einem ehrgeizigen, zielstrebigen Menschen ohne disziplinarische Verantwortung andere Schlüsselpositionen und Verantwortungsbereiche zu übertragen, in denen er einen wichtigen Beitrag für das Unternehmen leisten kann. So dürfte der Konkurrenzkampf etwas eingedämmt sein. Nichtsdestotrotz sollte Hausmann über den Fortschritt und die Ergebnisse des Projekts seines Mitarbeiters informiert sein, um ggf. eingreifen zu können. Hausmann darf während des Gesprächs (und auch sonst) keinen Zweifel daran aufkommen lassen, dass *er* der Chef ist. Es muss erreichen, dass sein Mitarbeiter ihn als Vorgesetzten akzeptiert.

---

### Checkliste: Auf Augenhöhe mit selbstbewussten, sachorientierten Persönlichkeiten

- Machen Sie sich Ihre Stärken bewusst, dann strahlen Sie mehr Selbstsicherheit aus.
- Wichtig sind eine aufrechte Haltung, ein fester Händedruck, direkter Blickkontakt und eine forsche Stimme.
- Seien Sie überzeugt von dem, was Sie sagen.
- Lassen Sie Ihre Ernsthaftigkeit erkennen (in Mimik, Stimme, Worten).
- Bleiben Sie auf der Sachebene.
- Formulieren Sie kurze, prägnante Aussagen.
- Vermeiden Sie Konjunktive oder Füllwörter wie z.B. „vielleicht", „eventuell", „irgendwie könnte man".
- Nennen Sie nachvollziehbare Argumente.
- Stellen Sie einen Nutzen dar.
- Treffen Sie möglichst schnell Entscheidungen.
- Sagen Sie deutlich, was für Sie geht und was nicht geht.
- Treffen Sie klare Vereinbarungen.

# Gemeinsam Ziele erreichen, Differenzen überwinden

Unterschiedliche Vorlieben und Vorgehensweisen können Konflikte, aber auch bessere Ergebnisse hervorbringen – sofern man bereit ist, aufeinander zuzugehen und etwas Gemeinsames entstehen zu lassen.

**Beispiel: Detailverliebtheit versus gestalterische Freiheit**

Friedbert Hausmann hatte vor kurzem von der Geschäftsführung den Auftrag erhalten, bis zum Quartalsende sein Team auf der Firmenhomepage zu präsentieren. Um dies zu erreichen, muss er mit der Marketing-Abteilung zusammenarbeiten. Simone Aichner ist hier seine Ansprechpartnerin. Diese kennt er nur flüchtig von einer Recruiting-Messe, auf der sie das Unternehmen repräsentierte. Diese Aufgabe schien ihr gut zu gefallen. Es fiel Hausmann auf, dass sie fast durchgängig in Gesprächen mit Interessenten war. Dabei gestikulierte sie heftig und lachte laut.

Bereits vor drei Wochen hatte er ihr einen 20-seitigen Vorschlag für die Website gemailt und um Antwort gebeten. Bis heute kam keine Reaktion. Hausmann ist nun unruhig wegen des nahenden Abgabetermins und schickt Simone Aichner eine Erinnerungsmail, auf die die Kollegin nur lapidar antwortet: „Ja, ja, Herr Hausmann, ich komme nächste Woche auf Sie zu. Das kriegen wir schon irgendwie hin."

# Die Persönlichkeiten und ihre Motive

## Aus Sicht des nüchternen Fachmanns

Der introvertierte und sachorientierte Friedbert Hausmann hatte sich lange überlegt, worüber er auf der Homepage informieren möchte, und dann in seiner perfektionistischen Art das detailreiche Dokument verfasst. Dieses schickte er – mit einem 3-Zeiler versehen – an die Marketing-Abteilung. Hausmann geht davon aus, dass damit alles klar sei. Die Texte sind mit Sorgfalt und ohne Fehler erstellt, passende Bilder sind beigefügt – im Prinzip muss Simone Aichner nur noch das Layout gestalten. Er erwartet eine rechtzeitige Antwort und eine vernünftige Umsetzung.

## Aus Sicht der sorglosen Marketing-Managerin

Die extravertierte und menschenorientierte Simone Aichner schüttelt nur den Kopf, als sie das Dokument von Friedbert Hausmann erhält. Vollständig gelesen hat sie es bis heute nicht. Sie ist nicht der Typ, der Berge von Papier verschlingen kann, und sie mag es auch nicht, wenn man sie per E-Mail einfach mit einem solchen Auftrag konfrontiert. Sie mag es lieber persönlicher. Außerdem arbeitet sie gern kreativ. Es liegt ihr, Texte für andere leicht verständlich zu machen sowie Aufmerksamkeit und Begeisterung hervorzurufen. Jedoch kann sie das nicht auf Knopfdruck und schon gar nicht, wenn man sie allzu sehr einengt. Sie hat ihren eigenen Stil und ist dabei schon öfters bei ihren Kollegen aus dem technischen Bereich angeeckt. Nichtsdestotrotz wird sie auch Friedbert Hausmanns Ausführungen extrem kürzen und, wie sie es nennt, aufpeppen müssen. Dafür wird sie sich eine spannende optische Umsetzung ausdenken.

Ihr Schreibtisch ist wie immer voll, da einige Projekte laufen und sie alles gleichzeitig erledigen will. Hausmanns Auftrag wird sie aber auch noch irgendwie schaffen, auch wenn die Motivation für diesen trockenen Stoff nicht allzu groß ist.

## Worin liegt das Konfliktpotenzial?

Die spontane, lebensfrohe Marketing-Managerin hat wenig Sinn für lange Planungen, übertriebene Genauigkeit und Umständlichkeit:

- Natürlich möchte auch sie, dass das Team des Kollegen Hausmann im Internet positiv dargestellt wird – schließlich ist ihr als extravertierte Persönlichkeit die Außenwirkung grundsätzlich wichtig. Sie würde dafür aber eine andere Form wählen als der Teamleiter.

- Neben der inhaltlich-gestalterischen Differenz gibt es aber auch die zwischenmenschliche, d.h., Simone Aichner hat es schwer, an den verschlossenen, peniblen Menschen Hausmann heranzukommen. Dieser begegnet ihr nämlich mit einer gewissen Distanz und Skepsis. Außerdem drückt er sich aus ihrer Sicht extrem kompliziert aus. Sie hat das Gefühl, dass sie sich, wenn sie miteinander kommunizieren, in zwei Welten bewegen und daher ständig aneinander vorbei reden.

- Der Teamleiter hat das Gefühl, nicht gehört bzw. nicht verstanden zu werden. Dinge, auf die er Wert legt, wie Sachlichkeit, eine klare Struktur, Details und Vollständigkeit, werden von Frau Aichner ignoriert. Stattdessen pocht diese auf Einfachheit. Er hat das Gefühl, dass seine Arbeit (und somit auch er selbst) nicht wertgeschätzt wird. Dies rührt auch von der Reaktion der Kollegin auf seine Mail: Etwas „irgendwie hinkriegen" ist Hausmann zu wenig.

Die Ansprüche des perfektionistisch veranlagten Teamleiters und der sorglosen Marketingmitarbeiterin an das Arbeitsergebnis klaffen ziemlich auseinander. Außerdem braucht Hausmann als Introvertierter etwas Zeit, um Vertrauen aufzubauen und offener zu werden. Sein sprachlicher Ausdruck ist umständlicher und vorsichtiger als die Sprache der gefühlsbetonten Managerin, die das Herz auf der Zunge trägt.

## So könnte es besser funktionieren

### Herangehensweisen persönlich besprechen

Friedbert Hausmann hätte sicher gut daran getan, nach dem Auftrag der Geschäftsführung in der Marketing-Abteilung anzurufen oder besser: kurz vorbeizuschauen. So hätte er den persönlichen Kontakt zu seiner Ansprechpartnerin geknüpft. Er hätte sich vermutlich viel Mühe gespart und gleichzeitig einen Bonus bei Simone Aichner gesichert.

Diese schätzt es nämlich, wenn man sich persönlich kennt und als Team arbeitet, anstatt anonym Texte hin- und herzuschicken. Bei diesem ersten Kennenlernen hätten dann auch Inhalte und Vorgehensweisen abgestimmt werden können, die für beide Seiten akzeptabel sind. So ist es für Herrn Hausmann wichtig, bestimmte Inhalte und Bilder auch genau so auf der Homepage wiederzufinden, wie er sie vorbereitet hat. Für Frau Aichner ist es dagegen wichtig, dass die Texte nicht überhandnehmen und auch für Nicht-Fachleute verständlich sind. Dass hierfür Änderungen an seinem Vorschlag nötig sind, müsste sie ihrem Kollegen in aller Ruhe erklären. Er sollte nach wie vor das Gefühl behalten, dass *er* der Fachmann ist.

## Sich entgegenkommen und unterstützen

Die Marketingmitarbeiterin könnte Hausmann eine klare Textstruktur – in Anlehnung an andere Internetpräsentationen – vorgeben, so dass er genau weiß, wie viel Inhalt er maximal unterbringen kann. Als nächsten Schritt könnte er dann selbst Kürzungen vornehmen.

Damit andererseits Simone Aichners Kreativitäts- und Freiheitsdrang im Rahmen bleiben, könnte Hausmann die Stellen im Text markieren, die auf keinen Fall gestrichen werden dürfen. Um sicherzustellen, dass sein Projekt rechtzeitig abgeschlossen wird, sollte er mit seiner Kollegin klare Termine vereinbaren, bis wann er von ihr Gegenvorschläge und Korrekturen braucht. Er kann sogar so weit gehen – und damit auch eine seiner Stärken nutzen – und einen Mini-Projektplan entwickeln, aus dem ersichtlich ist, wer was bis wann zu liefern hat. Von Simone Aichner könnte er sich dann das Einverständnis für die einzelnen Arbeitspakete einholen, so dass er sie auch gegebenenfalls durch einen freundlichen persönlichen Hinweis daran erinnern kann. Auch wenn Frau Aichner als freiheitsliebender Mensch enge Vorgaben ablehnt, würde es ihr helfen, eine klare Vorgehensstruktur vor Augen zu haben. Und das Wir-Gefühl, das bei einer gemeinsam erarbeiteten Strategie entsteht, würde ihre Arbeitsmotivation erhöhen.

## Auf einen Blick: Wie Sie sich auf Menschen einstellen

- Konfliktpotenzial besteht immer da, wo Menschen unterschiedlich denken, fühlen, handeln. Durch eine gute Fremdeinschätzung sowie Perspektivenwechsel können Sie andere besser verstehen und deren Handlungen nachvollziehen.

- Widerstand entsteht da, wo Menschen sich ungerecht behandelt, abgewertet und oder Druck gesetzt fühlen. Schaffen Sie Vertrauen und motivieren Sie, indem Sie informieren, Wertschätzung äußern und andere in Entscheidungsprozesse einbinden.

- Veränderung braucht Zeit, Information und Austausch. Bereiten Sie Neues gut vor und begleiten Sie den Prozess mit Geduld und Verständnis.

- So überzeugen Sie Kopfmenschen: Kommen Sie gleich zur Sache, berichten Sie strukturiert und bringen Sie Fakten und logische Argumente vor.

- Als zurückhaltender Mensch verschaffen Sie sich Respekt, indem Sie Klartext reden, sicher auftreten und keine Scheu vor Auseinandersetzungen zeigen.

- Wenn wir bereit sind, dem anderen entgegenzukommen und von seinen Eigenarten zu profitieren, können wir gemeinsam bessere Ergebnisse erzielen.

# Ihre Menschenkenntnis beginnt bei Ihnen selbst

Ihren Mitmenschen typgerecht zu begegnen, fällt Ihnen leichter, wenn Sie sich positiv auf sie einstellen.

In diesem Kapitel lesen Sie,

- warum Sie auch sich selbst Aufmerksamkeit schenken sollten (S. 112),
- was Ihre innere Haltung bewirkt (S. 115),
- wie Sie empathisch kommunizieren (S. 117),
- wie Sie Wertschätzung im Umgang mit anderen zeigen können (S. 121).

# Beobachten Sie sich selbst

Sie wissen inzwischen, dass Ihre Wahrnehmungsfähigkeit ein wesentlicher Bestandteil auf Ihrem Weg zu mehr Menschenkenntnis ist. Mit der Wahrnehmung Ihrer eigenen inneren Prozesse kommen Sie noch einen wesentlichen Schritt weiter. Richten Sie Ihre Aufmerksamkeit auf das, was in Ihnen vorgeht und wie Sie sich (anderen gegenüber) verhalten. Fangen Sie an, sich zu beobachten:

- Was tun Sie in bestimmten Situationen?
- Wie sieht Ihr Verhalten aus (im Gegensatz zu dem der anderen)?
- Was denken und empfinden Sie?
- Was drückt Ihre Körpersprache aus?

Viele Prozesse in Ihrem Körper laufen automatisch und unbewusst ab. Um aber verschiedensten Menschen entgegenkommen zu können, müssen Sie sich bewusst werden, wie Sie sich verhalten, z.B. dass Sie eventuell

- anderen öfters ungeduldig ins Wort fallen oder diese
- mit Ihrer Präsenz und Ihren langen Reden erdrücken,
- als zurückhaltender, unterstützender Mensch wieder mal nachgegeben oder
- als überkorrekter, sicherheitsbewusster Mensch einen Entscheidungsprozess durch kritisches Nachfragen hinausgezögert haben.

Installieren Sie einen neutralen Beobachter in sich! Neutral im Sinne von bewertungsfrei. Ihr Beobachter gibt Ihnen einfach Feedback über das, was er wahrnimmt, z.B. eine schnellere Atmung, weil Sie sich gerade vor den Kopf gestoßen fühlen, oder Gedanken wie „Oh je, ist das ein Erbsenzähler!", oder einen Satz wie „Wie oft soll ich Ihnen das denn noch erklären?" Geben Sie Ihrem Beobachter einen Namen, entwickeln Sie ein Symbol oder eine Figur, damit Sie leichter mit ihm in Kontakt treten können.

Durch dieses Feedback wird Ihnen der Spiegel vorgehalten, in dem Sie Ihre eigene Persönlichkeit erkennen. Es zeigt Ihnen auch indirekt, wer die anderen sind, und wo Sie im Umgang mit diesen ansetzen können. So können Sie eine verletzende Aussage relativieren, indem Sie bedenken, dass sie von einem Menschen getroffen wurde, der nun mal recht unsensibel bezüglich der Empfindungen anderer ist. Gegenüber dem „Erbsenzähler" könnten Sie nachsichtiger reagieren, indem Sie anerkennen, dass er durch seine Akribie schon so manchen schwerwiegenden Fehler aufgedeckt hat. Und der Kollege, der in Ihren Augen „etwas schwer von Begriff ist", hat vielleicht wichtige Informationen von Ihnen nicht erhalten oder durch Ihre knappe Art tatsächlich nicht ganz verstanden, was Sie meinen.

> Es sind vor allem unsere Gegenpole, auf die wir allergisch reagieren! Nutzen Sie das Feedback über sich selbst, um über die Wesensart anderer nachzudenken. Sie können dann Verhaltensweisen besser einordnen, und künftig angemessener (re-)agieren. Dies macht Sie selbst gelassener und die Beziehung zu anderen konstruktiver.

## Vertrauen Sie Ihrer Intuition

Sie können Ihre Aufmerksamkeit auch gezielt auf Ihre Empfindungen richten. „Ich hab' irgendwie das Gefühl, dass ...",
werden auch Sie schon gesagt haben, ohne dass Sie so richtig erklären können, woher dieses kommt oder worin es begründet ist. Intuitiv ist ein Gefühl in Bezug auf einen Menschen oder eine Situation da – und oftmals liegen wir mit
dieser Eingebung gar nicht so verkehrt. Unser Körper nimmt
enorm viele Schwingungen auf und reagiert auf diese. Diese
Signale können wir für unsere Entscheidungsprozesse nutzen.

Manchmal werden Sie auch den Eindruck haben, dass das,
was Sie in einem Gespräch hören, nicht mit Ihren Beobachtungen und Empfindungen übereinstimmt. Allein Mimik und
Stimme Ihres Gesprächspartners lassen Sie erkennen, dass
sein Ja zu einer Handlung eigentlich kein wirkliches Ja ist.
Vertrauen Sie hier Ihrem Gefühl! Was bei Ihnen ankommt, ist
die Körpersprache des anderen, die vermutlich unverfälscht
ist. Ihr Gesprächspartner traut sich nicht – warum auch immer – Nein zu sagen. Gehen Sie Ihrem Gefühl nach und hinterfragen Sie nochmals die Motivationslage des anderen.

Nehmen Sie andere also nicht nur mit Ihren Augen und Ohren, sondern mit Ihrem ganzen empfindsamen Körper wahr,
um möglichst viele Aspekte einer Situation zu erfassen und
Ihre Einschätzung zu optimieren.

# Überprüfen Sie Ihre innere Haltung

Eine bestimmte Sicht auf die Dinge, Ihre Einstellung in Bezug auf Ereignisse, Tätigkeiten oder Menschen – all das kennzeichnet unsere innere Haltung. Im Umgang mit anderen Menschen beeinflusst sie in entscheidendem Maße den Verlauf und den Ausgang der Interaktion.

### Beispiel: Handeln versus innere Haltung

 Holger hat sich als Kopfmensch vorgenommen, jeden Morgen bei seinen beziehungsorientierten Mitarbeitern vorbeizuschauen, um sie durch diesen Kontakt und die kurze Aufmerksamkeit für den Tag zu motivieren. Gleichzeitig denkt er aber: „So ein Blödsinn. Das kostet mich nur Zeit. Außerdem interessiert es mich eigentlich nicht, was nun schon wieder privat passiert ist. Die sollen lieber arbeiten."

Holgers Verhalten stimmt mit seiner Haltung nicht überein. Seine Mitarbeiter dürften dies spüren und an seiner Körpersprache sowie seinem Tonfall erkennen. Derartige Handlungen sind überflüssig, wenn nicht kontraproduktiv, denn sie werden als manipulative Maßnahmen erkannt.

## Verstellen Sie sich nicht

Ohne eine echte veränderte innere Haltung, die zumindest Akzeptanz beinhaltet, wird Ihr persönlichkeitsbezogenes Verhalten an Wirkkraft einbüßen. Sie können nicht so tun, als ob. Wenn Ihr Verhalten nicht ernst gemeint ist, lassen Sie es lieber ganz, denn Sie verlieren sonst an Glaubwürdigkeit und Authentizität. Wichtig im Zusammenhang mit der inneren

Haltung ist auch, was Sie von sich selbst glauben, was Sie sich zutrauen und was Sie erreichen wollen. Ihre innere Haltung steuert Ihr Verhalten und Ihre Wirkung auf andere. Wenn Sie grundsätzlich von sich die Meinung haben, immer den Kürzeren zu ziehen oder nicht redegewandt und uninteressant zu sein, wird es Ihnen kaum gelingen, einen Kunden von Ihrer Dienstleistung zu überzeugen oder bei Ihrem Chef eine Gehaltserhöhung durchzusetzen. Ihre innere Haltung entscheidet also über Erfolg oder Misserfolg. Solange Sie an sich zweifeln, wird das in Ihren Worten und Ihrer Körpersprache zum Ausdruck kommen. Prüfen Sie also Ihre innere Haltung gerade vor schwierigen Situationen!

## Wie Sie an Ihrer Einstellung arbeiten können

Die folgende Checkliste hilft Ihnen dabei, sich Ihre innere Haltung bezüglich Ihrer eigenen Person, beteiligter Anderer oder bestimmter Inhalte bewusst zu machen. Die Fragen liefern Ihnen Hinweise, an welchen Aspekten Sie möglicherweise drehen sollten, um Ihre Ziele leichter zu erreichen. Meist hilft es schon, kurz vor der jeweiligen Situation innezuhalten und sich zwei, drei Worte, Sätze und/oder Bilder vor Augen zu führen und diese auf sich wirken zu lassen.

---

| Checkliste: Was ist Ihre innere Haltung? |
|---|

- Was denken Sie über sich und andere?

- Wie wollen Sie anderen begegnen?

- Welchen Eindruck wollen Sie bei anderen hinterlassen?

- Welches Ziel wollen Sie erreichen?

- Wie stellen Sie sich z.B. den Verlauf eines anstehenden Gesprächs vor?

- Was wollen Sie auf jeden Fall sagen oder machen?

- Wie wollen Sie sich fühlen? Lassen Sie das Gefühl durch entsprechende Bilder / Vorstellungen entstehen.

- Welche negativen Gedanken oder Bilder sollten Sie durch positive ersetzen?

# Entwickeln Sie Empathie

Um andere besser zu verstehen, sollten Sie versuchen, sich in diese hineinzuversetzen. Es gilt, die Situation aus der Position des anderen zu betrachten; zu spüren, wie es sich von dort aus anfühlt. Empathie (Einfühlungsvermögen) beginnt beim Zuhören. Sie wird begleitet von Interesse, Aufmerksamkeit, Wertschätzung und Akzeptanz.

Empathisches Handeln heißt, den anderen in den Mittelpunkt zu stellen, ihn *wirklich* zu sehen, Hintergründe für sein Handeln begreifen zu wollen. Das ist viel verlangt und braucht Übung! Allein das eigene Zurücknehmen beim Zuhören, ohne dem anderen ins Wort zu fallen, bedeutet für manche schon eine Höchstleistung. Meist bewerten wir das Handeln des Gegenübers oder geben gut gemeinte Ratschläge. Das alles hat nichts mit Empathie zu tun. Neben dem aufmerksamen Zuhören geht es darum, mehr über die Gedanken, Gefühle oder Beweggründe des anderen zu erfahren. Wie können Sie also Empathie entwickeln?

---

### Leitfaden: So entwickeln Sie Empathie

 1 **Hören Sie aktiv zu: Fassen Sie zusammen, was Sie gehört und verstanden haben.** Indem Sie den Kern der Aussagen kurz mit Ihren eigenen Worten wiedergeben, signalisieren Sie, dass Sie verstehen wollen. Sie stellen sicher, dass das Wesentliche auch bei Ihnen ankommt. Ihr Gesprächspartner muss gleichzeitig hinterfragen, ob er seine Aussagen tatsächlich so gemeint hat. Dieser Abgleichungsprozess ist für beide Seiten wertvoll.

 2 **Stellen Sie offene Fragen, bei denen Ihr Gesprächspartner aufgefordert ist, nachzudenken.** Die Antworten geben Ihnen Aufschluss über Motive, Handlungsweisen, Entscheidungskriterien oder Bedürfnisse. Je besser also Ihre Frage ist, umso mehr Informationen erhalten Sie.

3 **Spiegeln Sie die Gefühle des anderen, die bei Ihnen ankommen.** Sie können Ihren Eindruck verbal beschreiben oder konkret nach den Gefühlen des anderen fragen.

Jeder Mensch möchte ernst genommen und verstanden werden. Geht man stattdessen über Signale hinweg, entstehen v. a. bei Gefühlsmenschen Frust, Enttäuschung, Ärger oder Wut. Empathisches Handeln bedeutet im Übrigen nicht, jedes Gefühl oder jede Argumentation voll und ganz nachvollziehen zu können. Aber: Sie bemühen sich darum! Wenn Sie Ähnliches schon selbst erlebt haben oder vom Typ her Ihrem Gesprächspartner näher sind, werden Sie müheloser verstehen. Grundsätzlich sind Sie jedoch ein anderer Mensch und dürfen daher auch vollkommen anders denken und fühlen.

### Beispiele: Empathie im Gespräch

**Aktiv zuhören:**
Wenn ich Sie richtig verstehe, war es Ihnen wichtig, dass ...
Ihre Auffassung ist demnach ...
Ich höre heraus, dass Sie in der Situation lieber ...

**Offene Fragen:**
Wie sind Sie vorgegangen?
Was würde Ihrer Meinung nach helfen, um ...?
Wie sind Ihre Gedanken zu diesem Thema?

**Gefühle spiegeln:**
Es hat Sie also wütend gemacht, dass...
Sie hatten Angst davor, zu ...
Sie fühlen sich benachteiligt gegenüber ...

Nehmen Sie andere ernst. Bewerten Sie nicht gleich deren Aussagen, Handlungen oder Gefühle, sondern lassen Sie diese gleichwertig neben Ihren stehen. Mit dem Herzen zuzuhören, hilft dabei.

# Wechseln Sie die Perspektive

Die meisten Menschen glauben, dass das, was ihnen gut tut, und das, was sie für richtig halten, auch für andere gelten müsse. Das Eigene wird anderen übergestülpt nach dem Motto: Ich weiß, was jetzt richtig oder gut für dich ist.

## Beispiel: Ein gut gemeinter Ratschlag

 Veronika fühlt sich seit einiger Zeit gestresst, weil das Unternehmen, für das sie arbeitet, umstrukturiert wird. Als Mensch, der Stabilität und Vertrauen sucht, machen ihr die Veränderungen und die damit einhergehende Unsicherheit schwer zu schaffen. Ihr Mann Viktor rät ihr Folgendes: „Mach doch mal Sport und lenk' dich ab! Das ewige Grübeln bringt dich nicht weiter. Ich geh doch auch regelmäßig ins Fitness-Studio und treffe nette Leute".

Viktors Rat ist sicherlich lieb gemeint, aber aus der Sicht eines extravertierten, aktiven Menschen formuliert. Da Veronika im Gegensatz zu ihrem Mann introvertiert ist und ihre trüben Gedanken nicht einfach auf dem Stepper tottreten kann, hilft ihr dieser Tipp herzlich wenig. Sie braucht eher unterstützende Gespräche mit guten Freunden, die sie ernst nehmen, oder einen ausgiebigen Spaziergang im Wald, durch den sie innere Ruhe und Zufriedenheit erlangen kann.

Verlassen Sie für kurze Zeit Ihren Standpunkt. Versetzen Sie sich in die Lage und in die Person des anderen, gedanklich und emotional. Mit dem grundsätzlichen Wissen über menschliches Verhalten, den jeweiligen Handlungsanregungen und den individuellen Erfahrungen, die Sie mit diesen

Menschen bereits gemacht haben, sollte Ihnen das ganz gut gelingen. Behandeln Sie andere nicht grundsätzlich so, wie Sie selbst behandelt werden wollen! Schlüpfen Sie in die Rolle Ihres Gegenübers und wählen Sie dann ein adäquates Vorgehen. Durch häufigen Perspektivenwechsel lernen Sie auch, die Welt mit anderen Augen zu sehen. Sie entwickeln für Ihr eigenes Leben neue Handlungsalternativen und bereichern Ihren persönlichen Erfahrungsschatz.

# Begegnen Sie anderen mit Akzeptanz

Wir können nicht alle Menschen mögen und mit allen immer konstruktiv umgehen. Und wir können und sollen auch nicht alles gut finden, was andere machen. Was wir aber – auch wenn's manchmal schwer fällt – in Bezug auf andere Menschen herstellen können, ist Akzeptanz für das, was ist. Sie wissen inzwischen, wie unterschiedlich Menschen sind. Also heißt ein erster Schritt für einen konstruktiven Umgang: Akzeptieren Sie den anderen so, wie er ist. Oder wollen Sie nicht mit Ihren Ecken und Kanten akzeptiert werden?

### Beispiel: Eine verfahrene Situation

Miriam ist eine erfolgreiche Geschäftsfrau. Sie muss öfters auf Kongresse, Vernissagen und Geschäftsessen, um Kundenkontakte zu pflegen oder aufzubauen. Sie mag es, wenn ihr Mann Mirko sie dabei begleitet, zumal sie sich sonst noch seltener sehen würden. Mirko ist Wissenschaftler an der Uni und steht lieber in seinem Labor als bei gesellschaftlichen Ereignissen im Rampenlicht. Miriam und er haben sich schon oft gestritten,

> weil sie sein ablehnendes Verhalten bezüglich solcher Termine nicht hinnehmen will. Sie übte in der Vergangenheit Druck auf ihn aus und machte deutlich, dass sie seine Art nicht versteht. Miriam erwartete insgeheim, dass Mirko in der Begleiterrolle „funktioniert". Mirko wiederum fühlte sich bevormundet und lehnte es ab, mitzukommen.

Andere Menschen durch Druck und Manipulation zu neuem Verhalten bewegen zu wollen, ist ein weit verbreitetes Phänomen. Wertschätzender, akzeptierender Umgang schafft jedoch die Basis für eine rücksichtsvolle Beziehung, in der beide Seiten profitieren.

### Beispiel (Fortsetzung): Die Lösung

> Miriam wählt einen neuen Ansatz: Sie akzeptiert die Introversion ihres Mannes (die sie nicht ändern kann) und sagt zu ihm: „Ich weiß ja, dass du solche Veranstaltungen nicht magst und für Kunst nicht viel übrig hast. Das ist in Ordnung. Ich würde mich aber riesig freuen, wenn du dieses Mal mitkommen würdest. Ich kenne den Künstler persönlich und würde ihn dir gerne vorstellen. Er macht wirklich tolle Sachen. Wir können ja um 21:00 Uhr wieder zurück sein, so dass wir noch Zeit für uns haben. Was meinst du? Überleg' es dir einfach und gib mir Bescheid." Mirko spürt: Er ist ok, so wie er ist. Seine Frau sieht und würdigt seine Wesensart. Miriam wünscht sich ihren Mann an ihrer Seite, erklärt ihm, warum es ihr wichtig ist, ihn dabei zu haben. Sie äußert ihre Gefühle. Zusätzlich gibt sie Mirko Zeit zu überlegen, was er tun möchte. Er hat also die Wahl, sich dafür oder dagegen zu entscheiden.

Der Machtkampf bleibt auf diese Weise aus. Es entsteht ein Gleichgewicht in Bezug auf die beiden Menschen. Keiner ist mehr wert, keiner ist besser oder klüger, keine Meinung ist wichtiger. Aus dieser gleichwertigen Position heraus kann

Mirko völlig anders agieren. Er wird jetzt möglicherweise sogar gerne mitkommen, weil er spürt, dass seine Frau Miriam ihn in ihr Leben einbindet und mit ihm gemeinsam diesen Abend erleben möchte. Er nimmt wahr, dass sie Rücksicht auf ihn nimmt. Und er fühlt sich frei in seiner Entscheidung. Miriam besinnt sich auf die Wesensart und die damit verbundenen positiven Eigenschaften ihres Mannes. Sie liebt und schätzt Mirko doch eigentlich wegen seiner ruhigen, besonnenen Art.

> Suchen Sie nach den Stärken und den liebenswerten Eigenheiten eines Menschen. So gelingt es Ihnen leichter, Akzeptanz und Wertschätzung zu zeigen.

Ohne in den Menschen das Positive zu sehen und ihnen zu signalisieren „Du bist ein wertvoller Mensch", wird das Miteinander leiden. Erhebt man sich über den anderen, wird die Beziehung – im Privat- und Berufsleben – gestört sein. Auseinandersetzungen und Fehlleistungen sind die Folge. Nehmen Sie andere Menschen mit ihren Bedürfnissen, Ängsten und Eigenarten ernst! Sie müssen nicht alles gut finden und nicht alles verstehen. Sie sollen auch nichts unterstützen oder verstärken, was Sie ablehnen oder für sozial unverträglich halten. Aber das, was der andere empfindet, braucht oder ablehnt, kommt tief aus seinem Inneren und hat damit seinen Grund. Wenn Sie dies verinnerlichen, sind Sie Ihrer Menschenkenntnis einen großen Schritt näher gekommen.

## Auf einen Blick: Beginnen Sie bei sich selbst

- Ihre Selbstbeobachtung lässt Sie nicht nur Ihre eigene Persönlichkeit erkennen, sondern verrät Ihnen auch so manches über Ihre Mitmenschen. Vertrauen Sie auf Ihre Intuition, die Ihnen wertvolle Zusatzinformationen liefern kann.

- Ihre innere Haltung sollte mit Ihrem Verhalten übereinstimmen, da Sie sonst nicht glaubwürdig wirken.

- Begegnen Sie anderen Menschen mit Empathie. Hören Sie aktiv zu, stellen Sie offene Fragen, spiegeln Sie wahrgenommene Gefühle.

- Versuchen Sie, sich in andere hineinzuversetzen. Erst durch einen Perspektivenwechsel können Sie andere besser verstehen und Ihr Verhalten auf diese ausrichten.

- Akzeptanz und Wertschätzung sind wichtige Begleiter, wenn Sie anderen Menschen angemessen begegnen wollen.

# Stichwortverzeichnis

Akzeptanz 121 ff.
Anerkennung, Bedürfnis nach 21, 26
Aufgabenorientierung,
   s. Sachorientierung
Augenhöhe 104

Beziehungsorientierung,
   s. Menschenorientierung
Blickkontakt 55 f.

Ehrgeiz 21
Eindruck, erster 64 f.
Einstellung 27 ff., 116 f.
Emotionen 35 ff.
Empathie 117 ff.
Extraversion 8 ff., 32, 34, 43

Familie 21, 26
Fragen 84 f.

Gangart 53 f.
Gefühle 35 ff.
Gefühlsmenschen 12
Gefühlsqualitäten 42 f.
Gestalter 30 f.
Gestik 54
Gewinnstreben 21, 26

Haltung, innere 27 ff., 102, 115 ff.
Händedruck 54 f.

Introversion 8 ff., 33 f., 43
Intuition 114

Jung, C. G. 8

Konfliktpotenziale 74 ff.
Kontrollbedürfnis 21, 26
Kopfmenschen 11
Körperhaltung 52 f.
Körpersprache 50 ff.
Kritisieren 83

Leistungsstreben 21, 26

Machtstreben 21, 26
Menschenorientierung 8 ff., 31 ff., 43
Mimik 55 f.
Modulation 58 f.
Motivationsprofile 23
Motive 20 ff.

Opfer 30 f.

Persönlichkeit 6 ff.
Persönlichkeitsmodelle 8 ff.
Perspektivenwechsel 120 f.

Respekt 98 ff.

Sachorientierung 8 ff., 33 ff., 43
Selbstbild 28 ff.
Selbsteinschätzung 44 ff.
Selbstwert 28 ff.
Sicherheit 86, 92
Sicherheitsbedürfnis 21, 26
Sinn 24 ff.
Soziale Bindung, Bedürfnis 21, 26
Sprechweise 58 ff.
Status 21, 26
Stimme 56 ff.

Überzeugen 93 ff.
Unabhängigkeitsstreben 21, 26
Unterstützen 81, 109

Verantwortung 103
Verhaltensdimensionen 9 ff.

Wahrnehmung 61 ff.
Wahrnehmungsfehler 66 ff.
Werte 24 ff.
Wertschätzung 123
Widerstand 77 ff., 82

Ziele 20, 10

**Bibliografische Information der Deutschen Nationalbibliothek**
Die Deutsche Nationalbibliothek verzeichnet diese Publikation in der Deutschen
Nationalbibliografie; detaillierte bibliografische Daten sind im Internet über
http://dnb.d-nb.de abrufbar.


ISBN 978-3-648-01112-6
Bestell-Nr. 00363-0001


© 2011, Haufe-Lexware GmbH & Co. KG, Munzinger Straße 9, 79111 Freiburg
Redaktionsanschrift: Fraunhoferstraße 5, 82152 Planegg
Fon: (0 89) 8 95 17-0, Fax: (0 89) 8 95 17-2 50
E-Mail: online@haufe.de
Internet www.haufe.de
Redaktion: Jürgen Fischer

**Konzeption und Realisation:** Sylvia Rein, 81371 München
**Lektorat:** Nicole Jähnichen, 81249 München; Sylvia Rein, 81371 München
**Umschlaggestaltung:** Kienle gestaltet, 70178 Stuttgart
**Druck:** freiburger graphische betriebe, 79108 Freiburg


Zur Herstellung der Bücher wird nur alterungsbeständiges Papier verwendet.

# Die Autorin

## Martina Gessner

ist selbstständige Trainerin, Moderatorin und Coach mit den Schwerpunkten Persönlichkeitsentwicklung, Führungsverhalten und Gesundheitsmanagement (u. a. tätig für die Haufe-Akademie). Als Diplom-Psychologin und Fachheilpraktikerin für Psychotherapie (HPG) arbeitet sie auch in eigener Praxis. Vor ihrer Selbstständigkeit war sie lange Jahre verantwortlich für die Personalentwicklung und Weiterbildung in Unternehmen.

Internet: www.move-and-grow.de

# Weitere Literatur

„Körpersprache", von Tiziana Bruno und Gregor Adamczyk, 256 Seiten, € 6,90, ISBN 978-3-448-09299-8, Bestell-Nr. 01305

„Emotionale Intelligenz", von Anja von Kanitz, 256 Seiten, € 6,90, ISBN 978-3-648-00311-4, Bestell-Nr. 00355

„Vertrauen. Wie man es aufbaut. Wie man es nutzt. Wie man es verspielt.", von Matthias Nöllke, 224 Seiten, € 19,80, ISBN 978-3-448-09591-3, Bestell-Nr. 00128

# Haufe TaschenGuides
*Kompakte Informationen zum kleinen Preis*

## ◯ Der Betrieb in Zahlen

- ABC des Finanz- und Rechnungswesens
- Balanced Scorecard
- Betriebswirtschaftliche Formeln
- Bilanzen
- BilMoG
- Buchführung
- Businessplan
- BWL Grundwissen
- BWL kompakt
- Controllinginstrumente
- Deckungsbeitragsrechnung
- Einnahmen-Überschussrechnung
- Finanz- und Liquiditätsplanung
- Formelsammlung Betriebswirtschaft
- Formelsammlung Wirtschaftsmathematik
- Die GmbH
- IFRS
- Kaufmännisches Rechnen
- Kennzahlen
- Kontieren und buchen
- Kostenrechnung
- Statistik
- VWL Grundwissen

## ◯ Mitarbeiter führen

- Besprechungen
- Checkbuch für Führungskräfte
- Führungstechniken
- Die häufigsten Managementfehler
- Management
- Mitarbeitergespräche
- Moderation
- Motivation
- Neu als Chef
- Projektmanagement
- Qualitätsmanagement
- Spiele für Workshops und Seminare
- Teams führen
- Workshops
- Zielvereinbarungen und Jahresgespräche

## ◯ Karriere

- Assessment Center
- Existenzgründung
- Gründungszuschuss
- Jobsuche und Bewerbung
- Vorstellungsgespräche

## ◯ Geld und Specials

- Sichere Altersvorsorge
- Börse
- Energie sparen im Haushalt
- Energieausweis
- Geldanlage von A–Z
- Immobilien erwerben
- Immobilienfinanzierung
- Meine Ansprüche als Rentner
- Die neue Rechtschreibung
- Eher in Rente
- Web 2.0
- Zitate für Beruf und Karriere
- Zitate für besondere Anlässe

## ◯ Persönliche Fähigkeiten

- Allgemeinwissen Schnelltest
- Ihre Ausstrahlung
- Burnout
- Business-Knigge
- Mit Druck richtig umgehen
- Emotionale Intelligenz
- Entscheidungen treffen